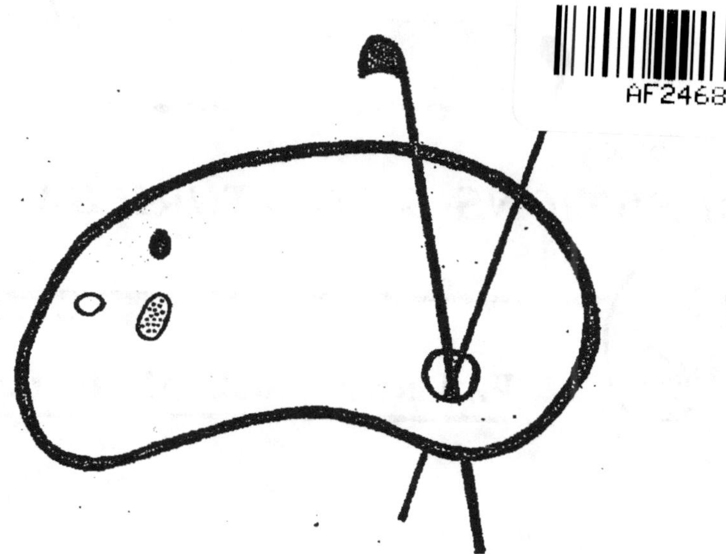

DEBUT D'UNE SERIE DE DOCUMENTS
EN COULEUR

QUESTIONS D'ÉCRITURE SAINTE

P. Lucien MÉCHINEAU, S. J.

# L'Origine Apostolique

# du Nouveau Testament

BLOUD & C<sup>ie</sup>

S. et R. 110

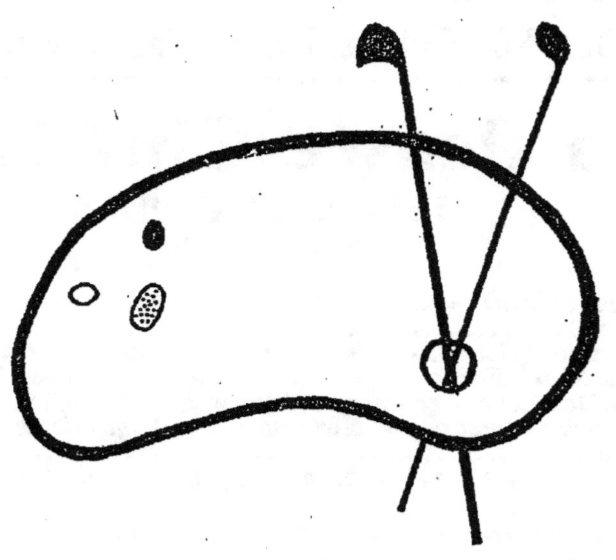

FIN D'UNE SERIE DE DOCUMENTS
EN COULEUR

# L'ORIGINE APOSTOLIQUE

DU

# NOUVEAU TESTAMENT

PAR

## Le P. Lucien MÉCHINEAU, S. J.

# PARIS

## LIBRAIRIE BLOUD ET C$^{ie}$

7, PLACE SAINT-SULPICE, 7,

1 ET 3, RUE FÉROU — 6, RUE DU CANIVET

1912

# A NOS LECTEURS

*Nous publions aujourd'hui dans* **la collection**
Science et religion, *le présent opuscule sur* l'Origine
apostolique du Nouveau Testament. *Voici à quelle
occasion nous avions une première fois, dans les Etudes,
traité cette question et pourquoi aussi il nous a paru
bon de la reprendre ici sous une forme plus didactique.
Un certain nombre d'erreurs concernant l'authenticité
et la véracité des Livres saints avaient malheureusement passé des écoles non catholiques dans nos revues
les meilleures et jusque dans notre enseignement public.
On verra même dès le début de cet ouvrage que le Souverain Pontife a donné en ces derniers temps, et à plusieurs reprises, de graves avertissements sur ce sujet
aux écrivains et aux maîtres catholiques. Notre devoir
étant de faire écho à la parole du Pape, nous avons
tenu à le remplir simplement et selon la mesure de nos
forces.*

*Pas un mot, nous l'espérons, ne sera jugé offensant
pour qui que ce soit. Si pourtant, sans le vouloir, nous*

*devions causer quelque blessure, nous souhaiterions du moins que la blessure fût de celles qui rendent la vie et la santé ; ce souhait accompli, nous pourrions redire le mot de saint Paul en pareille circonstance :* etsi contristavi vos in epistola, non me pœnitet.

Paris, 24 mai 1900.

**Lucien Méchineau, S. J.**

# L'ORIGINE APOSTOLIQUE

## DU

# Nouveau Testament

## CHAPITRE PREMIER

### ERREURS MODERNES SUR LES ORIGINES DU NOUVEAU TESTAMENT

Avertissements réitérés du Pape à quelques écrivains catholiques français, sur les questions d'authenticité et de véracité des Livres saints. Quels sont donc en cette matière les points principaux sur lesquels nos écrivains biblistes ont erré dans ces derniers temps. La grave question des origines du Nouveau Testament. Erreurs commises sur ce sujet depuis l'éclosion du rationalisme au xviiie siècle jusqu'à nos jours : Reimarus et Lessing ; Eichhorn et Paulus ; Strauss et Renan ; l'école de Tubingue ; la nouvelle école de M. Harnack ou l'école historique de la critique indépendante. Le problème des origines du Nouveau Testament ; comment le résout la critique indépendante et comment la critique traditionnelle. La critique indépendante ne conclut pas toujours à l'origine apostolique, toujours, au contraire, la critique traditionnelle. Qui a raison ?

Dans sa Lettre Encyclique au clergé de France, en date du 8 septembre 1899, le Souverain Pontife, Léon XIII, appelle notre attention sur les dangers que font courir au caractère même surnaturel de la Bible les théories critiques adoptées chez nous par des écri‑ vains catholiques qui auraient dû être les premiers .

les combattre. Ecoutons les graves paroles du Pape :

« Au sujet de l'étude des Saintes Ecritures, Nous appelons de nouveau votre attention, Vénérables Frères, sur les enseignements que Nous avons donnés dans Notre Encyclique *Providentissimus Deus* (1), dont Nous désirons que les professeurs donnent connaissance à leurs disciples, en y ajoutant les explications nécessaires. Ils les mettront spécialement en garde contre des tendances inquiétantes qui cherchent à s'introduire dans l'interprétation de la Bible, et qui, si elles venaient à prévaloir, ne tarderaient pas à en ruiner l'inspiration et le caractère surnaturel. Sous le spécieux prétexte d'enlever aux adversaires de la parole révélée l'usage d'arguments qui semblaient irréfutables contre l'authenticité et la véracité des Livres saints, des écrivains catholiques ont cru très habile de prendre ces arguments à leur compte. En vertu de cette étrange et périlleuse tactique, ils ont travaillé, de leurs propres mains, à faire des brèches dans les murailles de la cité qu'ils avaient mission de défendre. Dans Notre Encyclique précitée, ainsi que dans un autre document (2), Nous avons fait justice de ces dangereuses témérités. Tout en encourageant nos exégètes à se tenir au courant des progrès de la critique, nous avons fermement maintenu les principes sanctionnés en cette matière par l'autorité traditionnelle des Pères et des Conciles, et renouvelés de nos jours par le Concile du Vatican. »

Avant cette Lettre, le Souverain Pontife — c'est lui-même qui nous le dit — avait donc par deux fois appelé l'attention des catholiques sur les témérités de

(1) 18 nov. 1893.
(2) « Genus interpretandi audax atque immodice liberum » *)Lettre au ministre général des Frères Mineurs*, 25 nov. 1898).

certains écrivains, qui croyaient habile de prendre à leur charge les arguments dont se servent nos adversaires pour ébranler l'authenticité et la véracité des Livres saints, faisant ainsi cause commune avec nos pires ennemis et travaillant de concert avec eux. Ces paroles sévères sont du Pape, et il paraît bien cette fois qu'elles s'adressent à quelques-uns, non pas d'Amérique, mais de chez nous.

Et quels sont donc les points sur lesquels nos écrivains biblistes ont récemment erré, de compagnie avec nos adversaires, dans les questions qui concernent « l'authenticité et la véracité des Livres saints ?» On peut signaler les trois suivants : d'abord la thèse générale elle-même de l'autorité humaine des Livres saints, que l'on croyait pouvoir innocemment jeter par-dessus bord ; puis la thèse spéciale qui a trait aux origines du Nouveau Testament ; et enfin, la thèse particulière de l'autorité humaine ou autrement de l'origine mosaïque du Pentateuque, par où l'on avait commencé à céder du terrain à l'ennemi (1).

Sur le second point — qui fait l'objet de ce travail — il y a de graves erreurs que commettent chaque

(1) Nous avons traité ces trois questions dans les *Etudes* 1° *L'Origine mosaïque du Pentateuque*, 5 novembre 1898, p. 289-311 et 5 mars 1899, p. 665-671. — 2° *L'Autorité humaine des Livres Saints et le « concessionisme »*, 20 août 1899, p. 433-448 et 20 septembre 1899, p. 765-780. Ce second travail a été ensuite reproduit dans la collection *Science et religion. Etudes pour le temps présent*, sous le titre : *L'autorité humaine des Livres saints*. Paris 1900. — 3° *L'Origine apostolique du Nouveau Testament et l critique indépendante. Etudes*, 20 janvier 1900, p. 220-235 ; 20 février 1900, p. 492-504. Comme conclusion de ces deux articles un troisième a paru sous le titre : *La théorie documentaire dans le Nouveau Testament. Ibid.*, 5 mai, p. 364-378. Ce sont ces trois derniers articles, adaptés à la forme plus didactique de la collection, *Science et religion*, que l'on retrouvera dans le présent opuscule.

jour les écrivains de l'école protestante et rationaliste ; et, malheureusement, plusieurs des nôtres se laissent prendre encore ici aux théories fantaisistes d'hommes qui savent beaucoup, je le veux bien, mais qui, à coup sûr, s'écartent du droit chemin.

La question peut se formuler ainsi : Quand et par qui furent composés les livres du Nouveau Testament ?

Certes, c'est là une question d'importance, puisqu'elle est à la base de la théologie, qui se voit obligée de la résoudre avant de faire la démonstration par voie historique de la divinité du christianisme. Aussi, depuis que le rationalisme a pris comme mot d'ordre, non plus d'attaquer tel ou tel dogme particulier, mais tous les dogmes ensemble, que de fois on a tourné et retourné le problème initial de la valeur de ces livres, sur lesquels nous appuyons, nous, le fait suivant d'où jaillissent tous les dogmes : Un Dieu a paru qui nous a dit ce qu'il faut croire et pratiquer pour sauver son âme, et qui a confié à une société, l'Eglise fondée sur Pierre, le pouvoir d'enseigner infailliblement la vérité religieuse et de conduire à Dieu tous les hommes jusqu'à la fin des temps.

Attaquer ce grand fait, l'ébranler en mille manières et, si l'on peut, en proclamer la fausseté ; chercher du moins à le rendre incertain, contestable — ce qui suffit à ruiner la foi ; — par conséquent, montrer que tous les documents anciens qui en prouvent l'existence ne sont pas des documents dus à des témoins oculaires, ou à des narrateurs qui méritent croyance quand ils racontent les prodiges de nos origines chrétiennes : voilà le but avéré que poursuivent depuis tantôt deux siècles les contempteurs du surnaturel.

Pour rendre nos saints Livres suspects, on a essayé de tous les moyens. On a dit que c'étaient des livres de mauvaise foi, écrits avec l'intention de tromper le lecteur ; et ainsi le christianisme entier serait une duperie. Mais ces propos de Reimarus et de Lessing ont paru lourds et même grossiers. Attaquer la bonne foi des Evangélistes ! autant nier la lumière du soleil. Aussi fallut-il chercher une méthode nouvelle.

On s'appliqua alors, tout en accordant que nos écrivains sacrés sont des hommes de bonne foi, à les représenter comme des gens simples, naïfs à l'excès, qui avaient pris pour des miracles ce qui n'était au demeurant que des faits très ordinaires ; et ce fut le règne de l'exégèse naturaliste des Eichhorn et des Paulus. Mais expliquer les guérisons, les résurrections de l'Evangile et cent autres prodiges par toute une série de tours de passe-passe, parut aussi trop fort aux lecteurs, qui demandent toujours quelque sincérité dans l'explication d'un texte. Il fallut donc de nouveau changer.

On changea et l'on dit que nos livres, qui racontaient tant de merveilles, n'étaient pas des livres à prétention historique ; c'étaient de simples collections de mythes, ou, si l'on veut, de contes enjolivés par l'imagination populaire, avec un fond de vérité qui n'est pas toujours facile à dégager de son enveloppe légendaire. Et ainsi nous avons eu le système de l'exégèse mythique des Strauss, des Renan et des Littré.

Et cela encore ne satisfit bientôt plus personne ; car, enfin, il était clair que les Evangiles prétendaient raconter des choses *arrivées*, des choses *vues* par le narrateur ou par son informateur immédiat, et non pas des mythes, des légendes fabuleuses, qu'on n'aurait pu du reste, si près des événements, ni fabriquer ni surtout imposer à la crédulité publique sans faire crier à l'imposture.

Sans doute on avait la ressource de prétendre, et l'on prétendit en effet, que les Evangiles, par exemple, n'étaient pas de l'époque, qu'ils avaient été composés très longtemps après les événements ; mais toute l'antiquité protestait contre une pareille thèse, puisque toute l'antiquité a connu nos Evangiles.

Presque au même temps paraissait l'école de Tubingue, qui proposa une histoire des origines chrétiennes faite *a priori*, où Jésus-Christ tient fort peu de place. Ce qui est surtout arrivé pour l'école de Tubingue, c'est que la pensée juive, depuis longtemps enfermée dans ses rites étroits, fut un jour en lutte avec l'esprit helléniste d'un tour plus universel : pétrinisme contre paulinisme. Tous nos écrits sont le produit de cette lutte intime d'où sortit vainqueur le christianisme paulinien.

Seulement, s'il y a du pétrinisme et du paulinisme dans les livres du Nouveau Testament, il y a tout de même autre chose et beaucoup plus d'autres choses. Aussi l'école de Tubingue, comme les précédentes, a-t-elle cessé de plaire, il y a beau temps ; et de nouveau l'on se demande comment s'y prendre pour expliquer nos saints Livres sans admettre, d'une part, les faits surnaturels qu'ils nous racontent, et, d'autre part, sans heurter de front l'histoire et la critique. Car enfin, toujours le même problème se pose à qui veut expliquer nos livres : Quand et par qui ont-ils pu être écrits sous la forme où ils nous sont parvenus ?

Les critiques actuels du Nouveau Testament — je parle encore des critiques que l'on nomme indépendants — sont beaucoup plus sérieux que leurs devanciers. Ils ont sans doute leurs manières différentes d'expliquer les faits merveilleux de l'Evangile ou des Actes, selon qu'ils croient au surnaturel ou qu'ils le répudient, selon qu'ils ont gardé quelque chose du protestantisme d'antan ou qu'ils sont devenus de purs rationalistes ; toutefois, aussi bien dans l'école orthodoxe que dans l'école libérale, on montre aujourd'hui quelque préoccupation d'établir tout d'abord, par des procédés historiques et non plus *a priori*, l'âge des documents, le nom de leurs auteurs ou rédacteurs, avec la méthode de composition qu'ils ont dû suivre.

Des recherches approfondies conduites dans cet esprit ont donné des résultats dont on a le droit de se réjouir, quand on rêve de voir les brebis égarées se rapprocher du bercail, en attendant l'heure de les y voir rentrer.

Parmi les travaux sortis de cette école, que l'on peut appeler l'école historique, on met communément en première ligne les savantes études de M. Harnack sur la chronologie de l'ancienne littérature chrétienne, où se trouvent discutées les origines du Nouveau Testament (1).

L'apparition du premier volume de cet ouvrage, en 1897, a suscité comme une ardeur nouvelle au camp soit des adversaires, soit des défenseurs de nos saints Livres, et ainsi le problème des origines du Nouveau Testament plus que jamais est à l'ordre du jour un peu partout, en France, en Allemagne, en Angleterre et dans le Nouveau Monde.

En France, plusieurs savants catholiques ont fait

---

(1) *Die Chronologie der altchristlichen Litteratur bis Eusebius von Adolf Harnack.* — ERSTER BAND. — *Die Chronologie der Litteratur bis Irenæus.* Leipzig, 1897.

connaître au public les résultats obtenus par M. Harnack et en ont dit leur avis. Tels, par exemple, M. l'abbé Fillion, Mgr Batiffol, le P. Prat, M. l'abbé Lejay et M. l'abbé Loisy (1).

Depuis la publication du célèbre professeur de Berlin, un autre savant allemand, M. Théodore Zahn, professeur à l'Université d'Erlangen, a fait paraître à son tour un grand ouvrage, consacré tout entier à discuter les origines du Nouveau Testament (2), et dans lequel nous voyons le docte écrivain se rapprocher encore davantage de nous. C'est au point que l'on a pu concevoir l'espérance de voir enfin quelques-uns des intrépides chercheurs d'Allemagne accepter avec nous les solides appuis de la Tradition catholique (3).

Nous voulons bien en accepter l'augure ; mais hélas ! ce n'est pas chose faite. Il est impossible, en effet, de ne pas remarquer que, malgré le rapprochement qui s'est opéré entre les critiques protestants ou rationalistes de la dernière école et les critiques catholiques, il reste encore des divergences profondes sur la manière dont on résout, dans les

(1) M. L. Cl. FILLION, Un mouvement rétrograde du rationalisme biblique. *Revue du clergé français*, 1897, 1er avril, p. 193-204. — M. BATIFFOL, Les origines du Nouveau Testament d'après un livre récent. *Revue biblique*, 1897, p. 423-432. — P. PRAT, L'Evangile et la critique. *Etudes*, 5 juillet 1897. — M. LEJAY, dans son compte rendu de l'ouvrage de M. Harnack. *Revue critique*, 11 octobre 1897, p. 198-205. — M. LOISY : 1º La chronologie de M. Harnack. *Bulletin critique*, 1899, p. 433-440 et 451-460 ; 2º Les origines du Nouveau Testament. *Revue du clergé français*, 1899, 1er août, p. 417-443 ; 1er septembre, p. 25-48.

(2) ZAHN. — *Einleitung in das Neue Testament*. Leipzig, in-8º, t. 1, 1897 ; t. II, 1899.

(3) Cf. L. Cl. FILLION. — Une introduction récente au Nouveau Testament. *Revue du clergé français*, 15 juillet 1899, p. 321-329.

deux camps, le problème des origines du Nouveau Testament.

Et quelles sont donc sur la question de temps et sur la question d'auteurs — puisque ces deux questions vont presque toujours ensemble, — quelles sont donc les positions de la critique indépendante nouvelle et celles de la critique traditionnelle ?

Un tableau comparé des solutions données par les deux écoles, l'école catholique et l'école indépendante, nous fera saisir d'un rapide coup d'œil les divergences qui les séparent l'une de l'autre. Nous donnerons pour le côté catholique, sans rien déterminer, seulement la date extrême possible, qui est celle de la mort de l'écrivain, au delà de laquelle on ne saurait renvoyer le livre, sans rejeter le nom même de l'écrivain. Pour le côté protestant ou rationaliste nous donnerons les dates de l'école nouvelle, aujourd'hui si en faveur, je veux dire de l'école de M. Harnack, beaucoup plus rapprochée de nous que ne l'étaient les anciennes.

Quant à M. Zahn, il suffit de noter en deux mots que, sur la question de temps, il est presque toujours d'accord avec nous ; aussi beaucoup de choses seront dites au cours de ce travail, qui ne sauraient s'appliquer aux conclusions de ce très docte écrivain.

La première et principale chose à remarquer dans ce tableau, c'est que chez les catholiques toujours l'auteur est un apôtre : Mathieu, Jean, Paul, Jacques, Pierre, Jude ; ou bien un disciple que la tradition place à côté d'un apôtre : Marc, disciple de Pierre ; Luc, disciple de Paul.

La date de l'écrit, par voie de conséquence, ne peut dépasser l'année de la mort de l'apôtre écrivain.

## *D'après l'école catholique*

| Livres | | Auteurs | Dates |
|---|---|---|---|
| **Evangiles** | 1er | Mathieu, apôtre. | Avant la mort de Mathieu. |
| | 2e | Marc, disciple de l'apôtre Pierre. | Avant la mort de Pierre † 67. |
| | 3e | Luc, disciple de l'apôtre Paul. | Avant la mort de Paul † 67. |
| | 4e | Jean apôtre. | Avant la mort de Jean, † vers 100. |
| **Actes** | | Luc, disciple de l'apôtre Paul. | Avant la mort de Paul, † 67. |
| **Epîtres paulines** | 1. Rom. | Paul apôtre, | Avant la mort de Paul, † 67, et ainsi de toutes les Epîtres paulines. |
| | 2. Cor. I. | — | |
| | 3. Cor. II. | — | |
| | 4. Gal. | — | |
| | 5. Ephes. | — | |
| | 6. Philipp. | — | |
| | 7. Coloss. | — | |
| | 8. Thess. I. | — | |
| | 9. Thess. II. | — | |
| | 10. Tim. I. | — | |
| | 11. Tim. II. | — | |
| | 12. Tit. | — | |
| | 13. Philem. | — | |
| | 14. Hebr. | — | |
| **Epîtres catholiques** | 1. Jac. | Jacques, apôtre. | Avant la mort de Jacques le Mineur, apôtre. |
| | 2. Petri I. | Pierre, apôtre. | Avant la mort de Pierre, apôtre † 67. |
| | 3. Petri II. | — | Item. |
| | 4. Joan. I. | Jean, apôtre. | Avant la mort de Jean, apôtre † vers 100. |
| | 5. Joan. II. | — | Item. |
| | 6. Joan. III. | — | Item. |
| | 7. Jud. | Jude, apôtre. | Avant la mort de Jude, apôtre. |
| **Apocalypse** | | Jean, apôtre. | Avant la mort de Jean, apôtre, † vers 100. |

## D'après l'école de M. Harnack

| Dates | | Auteurs |
|---|---|---|
| 70-75 | | Ne nie pas que l'ensemble soit de Mathieu. |
| 65-70 | | Marc, après mort de Pierre, qui meurt en 64. Fin de Marc (XVI, 9-20) non authentique ; serait de 80 à 110. |
| 78-93 | | Est-ce Luc ? M. Harnack ne veut pas se prononcer. |
| 80-110 | | Pas de Jean, apôtre, mais du presbytre Jean « selon Jean, fils de Zébédée ». |
| 78-93 | | Luc serait l'auteur du *Wirbericht*, c'est-à-dire de la partie où l'écrivain dit *nous*. |
| 53 | | Paul, apôtre. |
| 53 | | — |
| 53 | | — |
| 53 (?) | | — |
| 57-59 | si authentique. | Douteux si cet écrit est de Paul. |
| 57-59 | | Paul, apôtre. |
| 57-59 | | — |
| 48 | | — |
| 48 | | — |
| 90-110 | Paul aurait écrit de 59 à 64, ce qui a servi de base aux trois pastorales. | Paul est seulement l'auteur des sources qui ont servi plus tard à composer les trois pastorales. |
| — | | |
| — | | |
| 57-59 | | Paul. |
| 81-96 | et peut-être avant | Pas de Paul. |
| 120-140 | | Pas de Jacques. |
| 81-96 | | Pas de Pierre. |
| 160-175 | | Pas de Pierre. |
| 80-110 | | Les trois Epîtres seraient, non de Jean apôtre, mais du presbytre Jean. |
| — | | |
| — | | |
| 100-130 | | Pas de Jude. |
| 83-96 | | Pas de Jean, apôtre, mais du même auteur que le 4ᵉ évangile. |

Si l'écrivain est un disciple, Marc ou Luc, on observe que, d'après la tradition catholique, l'Evangile de Marc parut avant la mort de son maître, l'apôtre Pierre; l'Evangile et les Actes de Luc avant la mort de son maître, l'apôtre Paul, c'est-à-dire dans les deux cas, au plus tard en 67. Quelques auteurs, il est vrai, s'appuyant sur un texte d'Irénée, font parfois descendre l'Evangile de Marc après la mort de saint Pierre, mais en ce cas ils ne reculent point la composition de l'Evangile après la mort du dernier des Apôtres; ainsi en est-il de ceux qui font composer les écrits de Luc après la mort de Paul.

Dans ces limites, il peut y avoir et de fait il y a des divergences entre catholiques sur la date précise où parut tel ou tel livre du Nouveau Testament; mais ce qui est constant dans la tradition catholique et mis hors de doute, c'est l'attribution de tout écrit du Nouveau Testament à un apôtre, ou du moins à un disciple qui est lui-même rattaché à quelque apôtre. En ce sens donc, la tradition catholique affirme l'origine *apostolique* de tous les écrits du Nouveau Testament, sans en excepter un seul.

Si l'on regarde, au contraire, du côté protestant ou rationaliste, on voit assez fréquemment encore chez M. Harnack, et bien plus souvent dans les écoles précédentes qui étaient autrement avancées, que la date de composition d'un livre est placée après la mort des apôtres auxquels la tradition les rapporte, ou même après la mort de tous les apôtres. D'autres fois, quand la date assignée à un écrit permettrait peut-être, à ne considérer que la date, de l'attribuer, sinon à l'apôtre dont il porte le nom, du moins à quelque autre apôtre survivant, il faut remarquer que, dans la pensée protestante, l'écrit en question n'est ordinairement pas considéré comme l'œuvre d'un apôtre, quel qu'il puisse être.

Ainsi la différence capitale entre catholiques et indépendants sur les origines du Nouveau Testament, c'est que chez les catholiques on maintient, on défend l'origine apostolique de tous les écrits du Nouveau Testament au sens que nous avons indiqué, tandis que chez les protestants et chez les rationalistes on nie cette origine apostolique ici ou là, plus ou moins fréquemment selon l'école critique plus où moins avancée à laquelle on appartient. Qui a raison de l'école catholique ou de l'école indépendante ? C'est à quoi nous devons maintenant répondre.

# CHAPITRE II

RÉFUTATION DE L'ÉCOLE CRITIQUE INDÉPENDANTE. PREUVES HISTORIQUES DE L'ORIGINE APOSTOLIQUE DU NOUVEAU TESTAMENT.

L'histoire veut que les vingt-sept livres qui composent le Nouveau Testament aient été écrits par des apôtres ou par des disciples d'apôtres. Les Pères et écrivains ecclésiastiques, en effet, ont toujours attribué sans hésitation dix-sept des écrits protocanoniques du Nouveau Testament aux apôtres Mathieu, Jean, Paul, Pierre ; les trois autres protocanoniques à deux disciples d'apôtres : Marc et Luc. En ce qui concerne les sept autres livres, dits deutérocanoniques, s'il y a eu des doutes ici ou là, peu à peu la lumière s'est faite partout ; aujourd'hui et depuis longtemps 'Eglise les attribue aux apôtres Paul, Jacques, Pierre, Jean et Jude. Dernier éclaircissement sur le sens de notre thèse : Tout le Nouveau Testament est d'origine apostolique.

Il n'est pas douteux que les catholiques aient le droit, comme le devoir, de maintenir toujours leur thèse traditionnelle de l'origine apostolique de tout

2

le Nouveau Testament. Quelques critiques catholiques de notre temps, un peu éblouis par le prestige de l'érudition allemande, nous entendons celle de l'école protestante ou rationaliste, transigent quelquefois sur ce point avec l'adversaire. Nous estimons qu'en conscience ils ne le peuvent pas. Pourquoi? Parce que l'histoire et la théologie ne le permettent pas. Commençons par l'histoire.

Tout le monde sait ce que dit l'antiquité chrétienne concernant le nom des auteurs de nos écrits; nous n'avons donc pas à faire ici *via historica* une démonstration détaillée de l'origine apostolique du Nouveau Testament. Il y faudrait des volumes et, du reste, il n'en manque pas. Résumons seulement, en les classant par ordre, les conclusions auxquelles aboutit l'examen des témoignages des Pères et écrivains ecclésiastiques, ou même des décisions, à tout le moins des déclarations conciliaires.

Il est premièrement hors de doute que l'on a attribué depuis les premiers siècles et que l'Eglise attribue encore aujourd'hui notre premier Evangile à saint Mathieu apôtre, le quatrième à saint Jean apôtre, les treize premières Epîtres pauliones à saint Paul apôtre, la première Epître dite de saint Pierre à saint Pierre apôtre, la première dite de saint Jean à l'apôtre saint Jean. Tous ces écrits ont donc une origine apostolique, c'est l'histoire qui le veut.

Il est secondement hors de doute que l'on a attribué dès les premiers siècles, et que l'Eglise attribue encore aujourd'hui à saint Marc le second Evangile, à saint Luc le troisième avec le livre des Actes.

En ce qui concerne saint Marc, il y a doute, même parmi les catholiques, pour savoir si le Marc, auteur de l'Evangile, est le même que le Jean Marc du livre des Actes ; mais la tradition n'hésite pas à affirmer que le Marc auteur de l'Evangile est le disciple de Pierre apôtre. Il est même tout à fait curieux que les plus anciens témoignages que nous ayons — ils sont du second et du troisième siècle — en faveur de l'attribution du second Evangile à saint Marc, ont très grand soin de rattacher ce Marc à saint Pierre apôtre.

Dans le célèbre témoignage de Papias (+ 160) que nous a conservé Eusèbe, voici, par exemple, ce que Papias fait dire au presbytre Jean, dont il tient ses renseignements :

« Ce presbytre disait que Marc, interprète de Pierre — Μάρκος μὲν ἑρμηνευτὴς Πέτρου γενόμενος, — avait écrit avec soin tout ce dont il se souvenait, quoiqu'il n'eût pas rangé selon leur ordre les paroles et les actes du Seigneur. Car lui n'avait pas entendu ni suivi le Seigneur, mais seulement Pierre qui faisait des instructions en vue de l'utilité (des auditeurs) et non pour établir la série des choses concernant le Seigneur. C'est pourquoi Marc n'a point failli, quand il écrit certaines choses d'après ses souvenirs. Car il est une chose dont il prit le plus grand soin, à savoir de ne rien omettre de ce qu'il avait entendu et de n'y commettre aucune erreur (1). »

Saint Irénée (+ 202) dit aussi : « Marc, disciple et interprète de Pierre, nous a laissé par écrit ce qui avait été enseigné par Pierre (2) ».

Clément d'Alexandrie (+ 217) témoigne à son tour que Marc a écrit l'Evangile qu'il avait entendu de

-----

(1) Eusèbe. — *Hist. eccl.*, III, 39. *Patrol. gr.* de Migne, t. XX, col. 300.

(2) S. Irénée. — *Contra Hæreses*, III, 1. *Patr. gr.*, t. VII, col. 845.

Pierre (1). Nous reviendrons plus loin sur ce témoignage.

Origène (+ 254) est encore plus expressif : « Nous avons appris, dit-il, que le second Evangile est celui que Marc mit par écrit selon que Pierre le lui avait exposé (2) ».

Et Tertullien (+ 240), le plus affirmatif de tous, dans un témoignage que nous retrouverons tout à l'heure plus complet, nous dit : « L'Evangile que Marc a publié, est donné pour être l'Evangile de Pierre, dont Marc était l'interprète (3) ».

Le canon de Muratori (vers 170) vise certainement saint Marc, dans le passage mutilé où nous lisons « quibus tamen interfuit et ita posuit ». Tout le monde accorde qu'il s'agit ici de Marc qui n'avait pas vu le Seigneur, mais « avait été présent aux prédications de Pierre d'après lesquelles il fit son Evangile (4) ».

Ce que j'ai dit de saint Marc, je le dois répéter de saint Luc. Le saint Luc tenu pour auteur du troisième Evangile et des Actes par la tradition, est toujours regardé par cette même tradition comme étant le disciple d'un apôtre, saint Paul. Ecoutons encore ici les plus anciens témoins.

Voici d'abord ce canon de Muratori que nous citions tout à l'heure. Arrivant au troisième Evangile, il nous dit les paroles suivantes : « Quant au troi-

---

(1) CLÉM. D'ALEX. dans Eusèbe. — *Hist. eccl.*, VI, 14. *Patr. gr.*, t. XX, col. 552.

(2) ORIGÈNE. — In Mat., t. I, dans Eusèbe. — *Hist. eccl.*, VI, 25. *Patr. gr.*, t. XX, col. 581.

(3) TERTULLIEN. — *Contra Marcion.*, IV, 5. *Patr. lat.*, t. II, col. 367.

(4) *Canon Muratorianus.* Dans Cornely, *Cursus Script. Sacræ*, Introd., t. I, p. 168 sqq.

sième livre d'Evangile selon Luc, c'est ce médecin, pris pour second disciple (après Jean Marc) par Paul, qui, au nom de celui-ci et d'après ses doctrines, le rédigea par écrit. Lui, non plus, n'avait pas vu le Seigneur dans la chair, et c'est pourquoi (il écrivit son Evangile) comme il put le recevoir (1). »

Tertullien, dans le texte que nous promettions à l'instant de donner plus complet, s'exprime ainsi : « C'est pourquoi je dis que cet Evangile de Luc, depuis les débuts de son apparition, se trouve répandu non seulement parmi les églises apostoliques, mais encore dans toutes les églises unies à celles-ci dans la société du sacrement... La même autorité des églises apostoliques accordera aussi son patronage aux autres Evangiles que nous avons reçus d'elles et comme elles. Je parle ici de Jean et de Mathieu. Car pour Marc, l'Evangile qu'il a publié est donné pour être celui de Pierre dont Marc était l'interprète ; et quant à Luc, on a coutume de faire remonter son écrit à Paul. Il se comprend que l'on attribue aux maîtres ce que les disciples ont publié (2). »

Saint Irénée donne aussi l'Evangile de Luc pour l'Evangile de Paul : « Luc, disciple de Paul, a écrit dans un livre l'Evangile que prêchait Paul (3) ».

Même tradition dans l'église d'Alexandrie. Origène témoigne en effet que « le troisième Evangile écrit par Luc a été recommandé par Paul et écrit en faveur des Gentils (4) ».

Ainsi, il est constaté historiquement que la tradi-

(1) *Canon Muratorianus.* Dans Cornely, *ibid.*
(2) Tertullien. — *Loc. cit.*, col. 366-367.
(3) S. Irénée. — *Contra Hær.*, iii, i. *Patr. gr.*, t. VII, col. 845.
(4) Origène. — In Mat., t. I, *Patr. gr.*, t. XIII, col. 829.

tion rattache les écrits de Marc et de Luc aux apôtres Pierre et Paul. Or, il est manifeste que si les Pères des premiers siècles ont pris tant de soin de dire et de répéter : l'Evangile de Marc est l'Evangile de Pierre et l'Evangile de Luc est l'Evangile de Paul, c'est qu'ils ont voulu nous signifier par là que ces deux Evangiles ont reçu la *sanction apostolique*. Du reste, ce n'est pas là une déduction que je fais ; plusieurs des Pères que je viens de citer le disent expressément ; on n'a qu'à les lire attentivement pour voir que tel est bien le sens de leurs paroles.

C'était même la thèse générale de Tertullien que les Evangiles doivent avoir une origine apostolique : « Nous soutenons avant tout, dit-il, que l'instrument évangélique a pour auteurs les apôtres, auxquels le Seigneur a confié la charge de promulguer l'Evangile ; ou, si ces auteurs sont des disciples d'apôtres, ils n'ont pu l'écrire seuls, mais avec les apôtres et d'après les apôtres. Car la prédication des disciples aurait pu devenir suspecte de vaine gloire, si elle n'avait été assistée de l'autorité de leurs maîtres, bien plus, de l'autorité du Christ qui fit apôtres les maîtres. Enfin, d'entre les apôtres, Jean et Mathieu nous donnent la foi ; d'entre les disciples, Luc et Marc nous la renouvellent (1) ».

On objecte parfois — tel, par exemple, M. Jülicher (2) — le texte où Clément d'Alexandrie dit que saint Pierre, ayant appris l'intention que Marc avait d'écrire l'Evangile, « ne s'opposa point au dessein de son disciple, mais ne fit rien non plus pour l'y encou-

---

(1) TERTULL. — *Adv. Marcion*, IV, 2. *Patr. lat.*, t. II, col. 363.
(2) JUELICHER. — *Einleitung in das Neue Testament*. Freib. i. B., 1894, p. 199.

rager (1) ». Cela n'est pas une preuve que, l'œuvre une fois faite, Marc n'ait pas reçu l'approbation de son maître. Et M. Jülicher le doit savoir, puisque Eusèbe, de qui nous tenons le texte de Clément d'Alexandrie, en appelle à ce même Clément d'Alexandrie et à Papias, pour nous apprendre que Pierre *a confirmé* l'écrit de Marc κυρῶσαί τε τὴν γραφήν (2).

Il nous plaît de citer dans le même sens les propres paroles de saint Jérôme qui sont évidemment fondées sur Eusèbe : « Marcus discipulus et interpres Petri, juxta quod Petrum referentem audierat, rogatus Romæ, breve scripsit Evangelium. Quod cum Petrus audisset, *probavit, et Ecclesiis legendum sua auctoritate edidit*, sicut Clemens in sexto ὑποτυπώσεων libro scribit et Papias Hierapolitanus Episcopus (3). »

Reste à examiner l'Epître aux Hébreux, celle de Jacques, la seconde de Pierre, la seconde et la troisième de Jean, celle de Jude et l'Apocalypse : en un mot, les sept deutérocanoniques du Nouveau Testament.

Quelle origine assigner à ces écrits ?

Il est d'abord indubitable qu'à l'heure actuelle et depuis de longs siècles, l'Eglise, dans ses éditions officielles de la Bible, dans sa liturgie et jusque dans ses conciles, les met toujours sous le nom d'un apôtre : Paul, Jacques, Pierre, Jean, Jude. Ecoutez seulement le décret du concile de Trente énumérant les livres canoniques dans sa quatrième session, et remarquez avec quel soin il met toujours chacun de

---

(1) CLÉM. D'ALEX. dans Eusèbe. — *Hist. eccl.*, VI, 14 ; *Patr. gr.*, t. XX, col. 552.

(2) EUSÈBE. — *Hist. eccl.*, II, 15. *Patr. gr.*, t. XX, col. 172.

(3) S. JÉRÔME. — *De Viris illustribus*, cap. VIII. *Patr. lat.*, t. XXIII, col. 621.

nos sept livres sous le couvert d'un nom d'apôtre :
« Quatuordecim Epistolæ Pauli *Apostoli*, ad Romanos, etc., ad Hebræos : Petri *Apostoli* duæ, Joannis *Apostoli* tres, Jacobi *Apostoli* una, Judæ *Apostoli* una, et Apocalypsis Joannis *Apostoli* ».

Vraiment, pour répéter *toties quoties*, que l'auteur de chacun de ces sept écrits est d'un apôtre, il faut bien que le concile de Trente y tienne, et sans doute il a ses raisons, que nous aurons à examiner plus tard.

Et si l'on voulait remonter plus haut, on verrait que l'Eglise catholique parlait ainsi de longs siècles avant le concile de Trente. Je ne puis que renvoyer le lecteur à n'importe quelle histoire du Canon, où il verra la démonstration de ce que j'avance.

Mais, dira-t-on, il n'en a pas toujours été ainsi de nos deutérocanoniques. Durant les quatre premiers siècles au moins, il y a eu des doutes sérieux, non seulement sur l'origine apostolique de ces livres, mais sur leur canonicité même. Saint Jérôme, l'Eglise romaine elle-même a douté de la canonicité de tel ou tel de ces livres.

Oui, je le sais, l'Eglise romaine a pu douter durant quelque temps de la canonicité de plusieurs livres, et ce doute prudent était dans l'ordre ; mais aujourd'hui elle ne doute plus, et le doute sur la canonicité n'est plus permis. Nous reviendrons d'ailleurs sur ce point.

Oui, je le sais encore, il y a eu des doutes du même genre sur l'origine apostolique de ces mêmes écrits ; mais aujourd'hui, quand l'Eglise parle des auteurs de nos livres du Nouveau Testament, elle ne manifeste plus aucun doute, et si la canonicité des deutérocanoniques est de foi *définie*, tandis que l'origine apostolique ne l'est pas, on aurait tort de croire qu'il soit permis de nier celle-ci. Beaucoup de choses qui ne sont pas de foi définie, appartiennent cependant au dépôt de la foi et de ce nombre — nous le verrons prochainement — est l'origine apostolique du Nouveau Testament. Vous pouvez nier ce point sans hérésie ; vous ne le nierez pas sans commettre une erreur dans la foi et rien ne serait plus facile que de le prouver. Pour le moment, il nous suffit d'avoir montré rapidement que, d'après le témoignage de l'histoire, l'Eglise tient nos livres du Nouveau Testament pour des écrits qui sont l'œuvre des apôtres, où qui ont au moins le visa des apôtres, et c'est ce qu'on veut faire entendre quand on dit que tous les écrits du Nouveau Testament sont d'origine apostolique.

Un dernier mot pour clore ce chapitre.

Bien que je me sois expliqué clairement, me semble-t-il, sur le sens à donner à cette proposition : « Tous les écrits du Nouveau Testament sont d'origine *apostolique* », et que j'aie répété à diverses reprises que cela veut dire : « Les écrits du Nouveau Testament sont l'œuvre des apôtres, ou bien, comme les Evangiles de Marc et de Luc, ce sont les œuvres de leurs disciples, sanctionnées par l'autorité apostolique », il est à propos, afin de prévenir toute confusion, de faire remarquer que la même opinion pourrait s'exprimer autrement. Par exemple, on pourrait dire également bien : « Tous les écrits du Nouveau Testament sont d'origine apostolique, à l'exception de quelques-uns qui, sans être d'origine apostolique, furent cependant reconnus et transmis à l'Eglise comme canoniques par les apôtres ».

C'est en ce sens, croyons-nous, qu'il faut entendre les paroles du P. Cornely, quand il dit à propos de l'Epître aux Hébreux : « Imo, si quis (id quod fieri tamen unquam posse negamus) epistolam Paulo abjudicandam *unique ex ejus discipulis vel aliis viris apostolicis* (ici, c'est nous qui soulignons) velut *auctori* attribuendam certis argumentis demonstraret, ejus canonicitas non læderetur, quippe quæ nequaquam ab apostolica ejus origine sed ab ejus inspiratione per Ecclesiam agnita sit repetenda. Quod si in canone duo Evangelia ab Apostolorum discipulis conscripta habemus, aliud esse apparet apostolicam originem, aliud divinam originem et canonicitatem, neque per se quidquam obstare, quominus Epistola ab aliquo Apostolorum discipulo conscripta in canonem esset recepta, si de ejus inspiratione Ecclesiæ constitisset. »

Ajoutons seulement que s'il appartient à l'Eglise de reconnaître les livres inspirés et de fixer le canon des Ecritures, l'Eglise jamais ne donnera, pour inspirés et canoniques, que les livres qu'elle a reçus comme tels de la main des apôtres. C'est ce que nous allons essayer de mettre en lumière au chapitre suivant.

# CHAPITRE III

## PREUVES THÉOLOGIQUES DE L'ORIGINE APOSTOLIQUE DU NOUVEAU TESTAMENT

La révélation divine qui engage la foi de tous les fidèles a été close par Jésus-Christ et par les apôtres. Il ne peut donc pas y avoir, postérieurement aux apôtres ou indépendamment des apôtres, de livre inspiré, canonique, auquel nous soyons tenus de soumettre notre foi. Et, en effet, Jésus-Christ avait promis que le dépôt de toutes les vérités révélées serait confié à ses apôtres; ceux-ci, en le transmettant à leurs disciples, défendirent d'y rien ajouter. C'est pourquoi, les Pères, les théologiens, les conciles, et notamment le concile de Trente et celui du Vatican, font remonter tous les dogmes de la foi à Jésus-Christ et aux apôtres. C'est donc à cette même source qu'il faut faire remonter aussi le dogme de l'inspiration et de la canonicité de tous nos livres du Nouveau Testament; par conséquent, nul doute que tous ces livres ne soient de l'époque apostolique.

Tous les livres du Nouveau Testament sont l'œuvre des apôtres ou portent le visa des apôtres. Conséquence : aucun de ces livres qui ne date du temps où vivait l'apôtre qui l'a écrit, ou qui, du moins, l'a déclaré inspiré et canonique.

Et qui se porte garant de cette doctrine ? Nous l'avons dit : la croyance actuelle de l'Eglise d'abord ; puis, si l'on remonte le cours des temps, les déclarations des conciles, les témoignages des Pères et des églises primitives. Et, chose digne de remarque, les critiques indépendants eux-mêmes, qui ne tiennent compte que de l'histoire, inclinent de plus en plus aujourd'hui à penser comme l'Eglise catholique, au moins sur la question de l'époque à laquelle durent paraître nos saints Livres : témoin — on l'a vu — M. Harnack et ses partisans; témoin surtout M. Zahn.

Toutefois, nos critiques indépendants n'en sont pas encore, tant s'en faut, à déclarer que ces livres, qu'ils datent, ou à peu près, de l'âge des apôtres, soient l'œuvre même des apôtres ou aient reçu d'eux leur consécration de livres sacrés. Cela, ou bien ils le nient, ou bien en tout cas ils n'en ont cure. Hélas! je vois aussi plus d'un écrivain catholique de nos contemporains qui, çà et là, hésitent à placer tel ou tel livre à l'époque apostolique. Plusieurs, semble-t-il, ne paraissent même pas soupçonner que non seulement l'histoire, mais encore des principes théologiques bien démontrés nous obligent d'attribuer tout écrit du Nouveau Testament à un apôtre soit comme à son auteur, soit du moins comme à son *canonisateur*, si l'on me permet le mot.

Il n'y a plus, en effet, à compter, comme le firent d'anciens et de modernes hérétiques, sur une troisième économie du salut, l'économie du Saint-Esprit nous apportant une révélation nouvelle, qui succéderait à l'économie du salut par Jésus-Christ, de même que celle-ci avait succédé à l'économie de la loi ancienne, œuvre du Père *par appropriation*, pour me servir du langage théologique. Non, c'est fini, et bien fini : la révélation est close. Ouverte à l'aurore du monde, elle a été fermée par Jésus-Christ et les apôtres.

Depuis, rien n'a paru, rien ne paraîtra plus jamais. Ah ! sans doute, il peut y avoir des révélations privées engageant la conscience de ceux qui les reçoivent, ou même de tous les particuliers qui acquerraient la certitude de leur provenance divine ; il peut même y en avoir, comme la révélation du Sacré-Cœur à la bienheureuse Marguerite-Marie, que Dieu, dans sa miséricorde, destine à l'Eglise universelle pour la protéger, la conserver dans sa foi ; mais il n'y a jamais eu depuis les apôtres, et il n'y aura jamais plus une révélation qui ajoute à la foi de l'Eglise, au dépôt transmis par les Apôtres, une seule vérité à croire, ni, par conséquent, qui agrandisse d'une ligne le canon des Ecritures : « Innititur fides nostra revelationi apostolis et prophetis factæ qui canonicos libros scripserunt; non autem revelationi, si qua fuit aliis doctoribus facta. » C'est saint Thomas d'Aquin qui parle ainsi (1). Le dernier survivant des apôtres, saint Jean, emporta donc, pour le remettre

(1) S. Thom. — *Summa theol.*, 1 p., q. 1, a. 8, ad 2ᵐ. Cf., 2. 2. q. 174, a. 6, ad 3ᵐ.

à Dieu, le calame inspiré que s'étaient passé les prophètes et les apôtres chargés d'écrire la parole divine, et plus jamais personne ne reprendra ce calame divin pour ajouter, ne fût-ce qu'un iota, au dépôt des Ecritures canoniques.

Voilà, certes, pour nos savants dans la critique sacrée, un critérium extrêmement commode et qui leur permettra, en maintes circonstances, d'apprécier la valeur des conclusions auxquelles ils arrivent dans leurs recherches érudites sur les origines du Nouveau Testament : Toute solution qui place après les Apôtres la date de composition d'un de nos Livres saints est et doit être estimée fausse ; reste donc toujours à placer un livre canonique avant la mort de saint Jean et à lui trouver parmi les apôtres son auteur ou du moins, avons-nous dit, son canonisateur. Hors de là, point de vérité.

Et comment le savons-nous ? Car il ne s'agit pas ici de faire de l'histoire *a priori*, au sens défavorable de ce mot, en estimant vraies ou fausses les conclusions de la critique indépendante, selon qu'elles cadrent ou ne cadrent pas avec une théorie qui nous serait chère, mais que nous affirmerions sans preuves. Non, certes, et tel n'est pas notre cas. Ce n'est pas gratuitement que nous prétendons que les apôtres eux-mêmes ont reçu et livré au complet tout le dépôt de la révélation, Tradition divine ou Ecritures inspirées, sans que personne après eux y puisse ajouter quoi que ce soit.

C'est, en effet, une thèse bien connue en théologie que Jésus-Christ a confié à ses apôtres la somme totale des vérités révélées, avec charge de la remettre à leurs successeurs, non pas pour qu'elle s'accroisse entre leurs mains, mais simplement pour être conservée, puis de nouveau transmise, et ainsi d'âge en âge jusqu'à la consommation des siècles.

Dans le grand et admirable discours de la Cène, Jésus dit à ses apôtres les paroles suivantes, qui manifestement s'adressent à eux personnellement et exclusivement, non pas à leurs successeurs : « J'ai encore beaucoup de choses à vous dire, mais vous n'êtes pas en état de les porter présentement. Mais quand l'Esprit de vérité sera venu, il vous enseignera toute vérité (1). »

C'est-à-dire : A l'heure actuelle, vous, mes apôtres, vous ignorez encore certains mystères que vous n'êtes pas en état de comprendre ; mais bientôt, quand le Saint-Esprit descendra en vous, il vous en laissera le dépôt complet : *omnem veritatem.* Après vous, donc, personne ne recevra communication d'une vérité nouvelle. Tout viendra de vous et par vous, en fait de vérités révélées : *omnem veritatem.*

C'est pourquoi, saint Paul écrivant aux Galates leur dit de ne point chercher d'autre évangile que celui qu'il leur a prêché. Dût cet évangile nouveau leur être apporté de la main d'un ange, il le faut répudier sous peine d'anathème (2). L'avis en était bon dès ce temps-là : il l'est aussi à notre époque, où

_________

(1) S. JOAN., XVI, 12-13 : « Adhuc multa habeo vobis dicere : sed non potestis portare modo. Cum autem venerit ille Spiritus veritatis, docebit vos omnem veritatem ».

(2) GAL., I, 6-9. Ce texte signifie sans doute, et directement, que l'on ne peut accepter aucun Evangile *qui soit contraire* à celui de l'apôtre ; mais il dit plus, selon l'interprétation de saint Jean Chrysostôme et autres Pères, à savoir que nul Evangile n'est bon *qui se présente comme révélé* en dehors des Evangiles apostoliques. Pas même un ange du ciel ne saurait lui donner autorité.

l'on est si souvent tenté de s'écarter des enseignements communs de l'Eglise, pour suivre aveuglément les faux docteurs, les faux voyants et les fausses voyantes.

Pour être de la cité de Dieu — c'est encore la pensée de saint Paul, — pour faire partie de l'édifice sacré, l'Eglise, il faut nécessairement reposer sur les apôtres, sur les prophètes, comme sur la base de toute la construction qui a pour pierre angulaire Jésus-Christ (1). Hors de là, tout chancelle et s'écroule.

On le voit donc, les apôtres furent d'abord choisis pour recevoir au complet, soit de Jésus–Christ, soit du Saint-Esprit, les communications divines sur lesquelles est fondée toute la foi de l'Eglise ; ils furent ensuite chargés de transmettre au monde ces enseignements venus du ciel : « Euntes ergo docete omnes gentes..., docentes eos servare omnia quæcumque mandavi vobis (2) ».

Et quel fut le rôle de leurs successeurs ? Leurs successeurs n'ont plus à recevoir de communications divines pour les transmettre à l'Eglise ; toute leur fonction se borne à conserver fidèlement la vérité qu'ils ont apprise de la bouche des apôtres. Ils sont, par l'aide du Saint-Esprit, les purs dépositaires de l'enseignement apostolique : « Proposez-vous pour modèle, écrit saint Paul à Timothée, les saines instructions que vous avez entendues de moi touchant la foi et la charité qui est en Jésus Christ. Gardez par le Saint-Esprit qui habite en vous l'excellent dépôt qui vous a été confié (3) ».

(1) Ephes., II, 19-21.
(2) Mat., XXVIII, 19-20.
(3) II Tim., I, 13-14 : « Formam habe sanorum verborum, quæ

Et plus loin, dans le même sens : « Quant à vous, demeurez ferme dans les choses que vous avez apprises et qui vous ont été confiées, sachant de qui vous les avez apprises (1) ».

Et que devront faire à leur tour les successeurs de Timothée ? Comme Timothée lui-même, ils transmettront, et rien plus, le dépôt qui vient des apôtres : « Ce que vous avez appris de moi, devant plusieurs témoins, dit toujours saint Paul, donnez-le en dépôt à des hommes fidèles, qui soient eux-mêmes capables d'en instruire d'autres (2) ».

Ainsi répéter ce qu'on a entendu ou reçu des apôtres, c'est désormais tout le rôle des maîtres dans la foi : « Sicut ergo accepistis... sicut et didicistis (3) », voilà la formule qui résume tout désormais. Il n'y a plus rien à proposer de nouveau, plus rien à espérer d'inédit, le dépôt de nos croyances, comme le dit saint Jude, ayant été laissé aux saints par tradition une fois pour toutes (4).

Et si les divers passages de l'Ecriture que nous venons de citer laissaient encore quelques doutes dans l'esprit du lecteur sur la vérité de la doctrine que nous défendons ici, il suffirait, pour les dissiper,

---

a me audisti in fide et in dilectione in Christo Jesu. Bonum depositum custodi per Spiritum Sanctum, qui habitat in nobis. »

(1) II Tim., iii, 14 : « Tu vero permane in iis quæ didicisti, et credita sunt tibi ; sciens a quo didiceris ».

(2) II Tim., ii, 2 : « Et quæ audisti a me per multos testes hæc commenda fidelibus hominibus, qui idonei erunt et alios docere ».

(3) Col., ii, 6, 7.

(4) Jude, 3 : « Charissimi omnem sollicitudinem faciens scribendi vobis de communi vestra salute, necesse habui scribere vobis, deprecans supercertari semel traditæ sanctis fidei ».

de rappeler d'un mot les enseignements des Pères de l'Eglise ou des théologiens sur ce sujet, les déclarations soit des Papes, soit des Conciles, quand ils définissent ou quand ils exposent simplement un dogme de la foi.

A quelles sources ont-ils recours pour établir qu'une proposition appartient au domaine de la foi ? Toujours à l'Ecriture ou à la Tradition divine. Car, pour eux, l'Ecriture et la Tradition divine, le *Verbum Dei scriptum vel traditum*, forment toute la révélation surnaturelle. Et ces deux sources de la foi, à qui les font-ils remonter ? Invariablement aux prophètes, à Jésus-Christ, aux apôtres ; et après les apôtres il est entendu que rien ne s'ajoute de nouveau : on ne fait plus que répéter leurs paroles.

C'est bien ainsi que le Concile de Trente considère les apôtres ; il voit en eux la source de toute la révélation chrétienne, il affirme que par eux cette révélation s'est déversée tout entière sur le monde : « Jesus Christus Dei Filius... per suos Apostolos *tanquam fontem omnis* et salutaris veritatis et morum disciplinæ omni creaturæ prædicari jussit (1) ». D'après ce même Concile, l'Ecriture et la Tradition divine, comme nous l'affirmions tout à l'heure, contiennent toute la révélation et elles nous sont venues toutes les deux des apôtres qui les avaient reçues ou de la bouche de Jésus-Christ ou des communications de l'Esprit-Saint : « Perspiciensque (Tridentina Synodus) hanc veritatem et disciplinam contineri in libris scriptis, et sine scripto traditionibus, quæ ipsius Christi ore ab Apostolis acceptæ, aut ab ipsis Apos-

_______

(1) Conc. Trid. sess. IV, decretum de canonicis scripturis.

tolis, Spiritu Sancto dictante, quasi per manus traditæ, ad nos usque pervenerunt (1) ».

Récemment le Concile du Vatican a répété et confirmé ces mêmes paroles (2).

La conséquence est donc que toute doctrine qui ne remonte pas jusqu'aux apôtres, que l'on n'a pas reçue des apôtres eux-mêmes, est, par le seul fait, une doctrine qui n'appartient pas au domaine de la foi ; en d'autres termes, l'apostolicité d'origine est un des caractères indispensables de toute doctrine révélée et, par conséquent, de tout livre inspiré qui s'impose à la foi.

Si donc, par impossible, on parvenait à démontrer que tel de nos Livres saints n'est pas de l'époque apostolique, qu'il est de plus basse époque, il faudrait immédiatement exclure ce livre du nombre des livres sacrés et canoniques. De même encore, s'il pouvait être prouvé qu'un de ces mêmes livres, tout en étant de l'époque apostolique, n'a cependant pas été livré à l'Eglise par un apôtre, parce que ce livre n'est pas d'un apôtre ou du moins n'est pas garanti par un apôtre comme étant livre inspiré et canonique, de nouveau il faudrait chasser ce livre du canon où il n'aurait jamais dû entrer (3).

(1) Conc. Trid., *ibid.*
(2) Conc. Vatic. sess. III, constit. de fide catholica, cap. 2.
(3) Le lecteur qui voudrait sur toute cette thèse de plus longs développements les trouvera dans FRANZELIN, *De divina traditione*, sect. IV, Thesis XXII. Rome, 1882, p. 263 sqq.

# CHAPITRE IV

## DEUX OBJECTIONS CONTRE LA THÈSE DE L'ORIGINE APOSTOLIQUE DU NOUVEAU TESTAMENT

*Première objection* : La fermeture du canon à l'époque apostolique entraîne avec elle l'impossibilité de tout progrès doctrinal. *Réponse* : Depuis la mort des apôtres, la doctrine révélée n'a pu s'accroître d'un iota ; c'est-à-dire que Dieu ne nous a plus révélé et ne nous révélera plus de dogmes nouveaux. Rien de plus vrai. Mais la révélation terminée à l'époque des apôtres peut, selon le besoin des temps, et s'accroître en clarté, en splendeur, et nous fournir les richesses inexploitées qu'elle tient en réserve pour les nécessités de tous les siècles. Elle est semblable en cela à la nature elle-même, qui n'acquiert plus de forces nouvelles, et livre pourtant chaque jour à l'homme qui les recherche des trésors insoupçonnés.

*Seconde objection* : La doctrine de l'origine apostolique du Nouveau Testament est contraire à la liberté de la critique dont les Pères eux-mêmes ont usé. *Réponse* : La liberté de discuter les origines de nos livres sacrés a été permise, tant qu'un doute a pu être raisonnable ; mais, une fois acquise la certitude de l'origine apostolique du Nouveau Testament, demander à revenir sur le fait ou le principe démontré, c'est demander la liberté du recul, et de cette liberté nous ne saurions vouloir.

La doctrine que nous venons d'exposer sur l'origine du Nouveau Testament et la fermeture du canon à l'époque apostolique, a pu soulever dans l'esprit de quelques lecteurs certaines objections très spécieuses qu'il nous paraît bon de résoudre. Mettons-nous à l'œuvre sans plus tarder.

Et d'abord on se sera dit peut-être, qu'en parlant comme nous l'avons fait, nous rétrécissons singulièrement le champ de la révélation, que nous paraissons même refuser à la doctrine catholique le droit et jusqu'à la possibilité de progresser, d'évoluer, selon le terme à la mode, puisque nous la confinons tout entière dans la prédication apostolique, sans que personne depuis lors ait jamais pu ajouter un simple iota à la révélation.

Mon Dieu ! qu'on le prenne comme on voudra, mais si l'on me passe un mot que ne désavouerait pas M. de La Palice, je dirai : La révélation, c'est ce que Dieu a révélé, c'est-à-dire, l'ensemble des vérités — pas une de plus, pas une de moins — que Dieu a jugé à propos de nous faire connaître par des interventions ou manifestations positives. Or, la dernière fois que Dieu parla, ce fut par l'organe des apôtres, et par eux il déclara — ainsi qu'on l'a prouvé — qu'il n'ajouterait désormais rien à ce qu'il avait dit. Le reste, nous l'apprendrons *dans l'état de gloire;* parole de Dieu !

Si donc, pour avoir du progrès doctrinal, il est nécessaire que Dieu parle encore, eh bien ! non, il n'y aura plus de progrès, c'est-à-dire plus d'addition faite à la parole de Dieu. Dieu gardera le silence jusqu'à la fin du temps, ou, s'il l'interrompt, ce sera, comme il le fait souvent par ses miracles ou interventions de tous genres, pour confirmer la doctrine précédemment exposée et qu'il a tout entière confiée à ses apôtres.

Mais, est-ce à dire vraiment que la science sacrée, la théologie catholique, qui puise ses doctrines aux deux sources de la révélation, Ecriture et Tradition divine, est condamnée à l'immobilité perpétuelle ? Eh non ! assurément. La théologie catholique, tout aussi bien que la philosophie, les sciences physiques ou naturelles, a son progrès continu. L'histoire est là pour le prouver. Quelle longue série de problèmes résolus ne représente pas la collection de nos Conciles, les œuvres d'un Augustin, d'un Thomas d'Aquin, et jusqu'à ces humbles manuels où nos maîtres contemporains ont condensé pour leurs élèves la moelle de l'enseignement catholique !

Ah ! sans doute, la théologie, quand une fois elle a démontré un dogme, ne change pas à la façon des sciences incertaines qui mettent chaque jour au dépôt des vieilles lunes les théories risquées des jours précédents. La théologie, dans ce cas, marche devant elle et ne revient plus ; et si elle en agit ainsi, c'est que le pas fait en avant a été fait en bon chemin. Les dogmes n'évoluent pas au sens darwiniste de ce mot ; les dogmes ne vont pas se transformant au point de cesser d'être eux-mêmes, comme le ferait une espèce qui deviendrait vraiment une espèce différente ; non, le dogme simplement évolue, c'est-à-dire, se développe, croît et grandit à la façon du gland qui devient, avec les longs siècles, le chêne fort et robuste qui défie la tempête.

Oui, mais pourtant, dira-t-on, cette révélation qui reste comme au temps des apôtres, sans qu'un iota s'y ajoute ! Dans de pareilles conditions, le progrès est-il vraiment possible à la science du surnaturel ?

Et pourquoi pas ? Quand le chimiste, le physicien découvre une force nouvelle, n'est-ce pas toujours une force préexistante ? une force contenue dans le grand tout que Dieu créa à l'origine des choses et auquel, depuis des millions d'années, il n'ajoute plus un atome. Le théologien n'est pas de pire condition que le naturaliste. Lui aussi trouve dans la révélation, dont le cycle est désormais clos comme celui de la création, toutes les forces vives nécessaires à la vie de son âme, et si quelque jour un besoin nouveau se fait sentir au fond de son cœur, la révélation n'est point dépourvue de l'aliment qu'il réclame avec justice : Cherchez et vous trouverez, voilà la loi du progrès comme la loi de la prière. Mais naturellement on aurait tort de chercher dans la révélation ce que Dieu n'y a point mis, comme on aurait tort de chercher dans la création les forces que son auteur ne lui a pas confiées.

Le progrès est donc possible en théologie comme dans les autres sciences, sur le terrain de la révélation comme dans le domaine de la nature. Nous n'en continuerons pas moins de soutenir avec l'Eglise que depuis les apôtres il n'y a plus de révélation nouvelle, plus d'additions faites à la parole de Dieu, Ecriture ou Tradition. Et voilà pourquoi il n'est pas permis à un catholique, qui n'ignore pas ces choses, de croire ou de laisser entendre que peut-être bien les Epîtres à Timothée, à Tite, aux Hébreux, ou les Epîtres dites catholiques, ou bien encore l'Evangile et les Epîtres dites de saint Jean ne sont pas d'un apôtre, comme on l'avait pensé, mais doivent avoir été écrites ou postérieurement aux apôtres, ou du moins en dehors de toute influence et de tout contrôle apostolique. Parler ainsi, c'est à coup sûr parler comme à Berlin, mais non pas comme à Rome.

J'arrive maintenant à une seconde difficulté, qui est en même temps une plainte, pour ne pas dire un murmure contre certaines décisions ou déclarations récentes de l'autorité ecclésiastique, et que j'ai rencontrée trop souvent, ces années dernières, dans divers ouvrages ou diverses revues catholiques.

Mais alors, nous dit-on, on veut donc nous supprimer toute liberté de discussion ? Quoi ! nous n'aurons pas le droit d'émettre un doute sur l'authenticité d'un livre canonique, ni même sur l'origine apostolique d'un seul livre du Nouveau Testament ! Et va-t-on nous imposer une orthodoxie plus rigoureuse que ne le fut celle des Pères mêmes de l'Eglise ? Nous demandons la liberté comme au iv$^e$ siècle; nous réclamons le droit de parler comme a parlé saint Jérôme et l'Eglise romaine elle-même dans les premiers siècles de son histoire. Elle est allée, cette Eglise, jusqu'à douter de la canonicité de plus d'un de nos saints livres ; à plus forte raison aurons-nous le droit de douter soit de l'authenticité soit de l'origine apostolique de tel ou tel livre du Nouveau Testament.

Et voilà de l'éloquence en pure perte. Répondons pacifiquement et que personne ne se fâche ni ne se pique de ce que nous allons dire.

Oui, nous en convenons aussi, l'Eglise romaine elle-même a eu des doutes durant quelque temps, par exemple sur cette question : l'Epître aux Hébreux que l'on nous apporte est-elle bien de saint Paul? est-elle même d'un apôtre ? A-t-elle jamais eu le visa d'un apôtre comme livre inspiré? Et dès lors est-elle bien un livre canonique? Et les mêmes doutes ont été émis soit par l'Eglise romaine, soit par telle ou telle autre église particulière, par tel ou tel saint Père, tantôt sur un livre, tantôt sur un autre et principalement sur les sept que nous nommons deutérocanoniques.

Mais, ne l'oublions pas — et c'est là notre première réponse, — si l'Eglise romaine a eu des doutes, aujourd'hui et depuis longtemps elle n'en manifeste plus ; tout au contraire, elle affirme la canonicité de tous les livres du Nouveau Testament; elle affirme aussi leur origine apostolique; elle va même plus loin, elle donne le nom de tous les auteurs, et l'illustre Pontife qui nous gouverne est allé jusqu'à dire que répudier ces noms traditionnels, c'était tomber dans une erreur monstrueuse (1). Certes, nous voilà loin de l'époque où l'on doutait.

Quelques-uns de nos confrères, qui ne manquent pourtant pas, certes, de revendiquer pour la doctrine catholique le droit de progresser, et cela dans un sens qui n'est peut-être pas toujours exact, ne semblent pas comprendre qu'une chose a toujours progressé et progressera toujours jusques et surtout dans l'Eglise catholique, apostolique et romaine : à savoir, la connaissance et l'intelligence du dogme. L'Eglise romaine a douté, dites-vous, de l'origine apostolique, de la canonicité même de tel livre du Nouveau Testament. C'est vrai; mais en vertu de la loi du progrès, de l'obscurité, elle a passé à la pleine lumière et de là à l'affirmation nette de la vérité. Bien plus, que l'Eglise romaine ait commencé par douter, c'était dans l'ordre ; et plus d'une fois il dut en être ainsi nécessairement avant qu'un livre inspiré fût reconnu comme tel et rangé parmi les canoniques.

Prenons un exemple, car ce point mérite d'être éclairci, tant l'on rencontre aujourd'hui d'erreurs ou d'ignorances sur la manière dont s'est formé le canon des Ecritures.

Voici, je suppose, même un livre protocanonique, la seconde Epître de saint Paul aux Thessaloniciens, si l'on veut. C'est bien un écrit inspiré, n'est-il pas vrai ? Quand saint Paul écrit cette lettre, il est en Grèce, à Corinthe. Or, à ce moment, qu'en sait l'Eglise romaine ? Qu'en sait saint Pierre qui la gou-

---

(1) Encyclique *Providentissimus* : « Evangelia et scripta apostolica aliis plane auctoribus tribuenda. Hujusmodi portenta errorum... »

verne ? Absolument rien. Oh ! sans doute, Pierre a connu quelques Epîtres de saint Paul, puisqu'il en parle et les trouve lui-même difficiles à comprendre. Mais enfin, à moins de supposer gratuitement que Pierre a été averti par révélation, il fut un temps où la seconde Epître aux Thessaloniciens, parfaitement inspirée pour être à l'Eglise universelle une règle de foi et donc un écrit essentiellement canonique, a été ignorée du prince des apôtres, et cela peut-être durant toute sa vie. Bien plus, il se peut que ses successeurs immédiats soient restés dans la même ignorance.

Quand est-ce donc que cette Epître fut apportée à Rome et y parut pour la première fois ? Qui donna la preuve qu'elle était d'un apôtre, de Paul, qu'elle était inspirée et destinée à réglementer la foi et les mœurs dans l'Eglise universelle ? Personne ne le sait.

Mais quand enfin cette lettre vint à Rome et y fut présentée, est-ce qu'en même temps on apporta bien à l'Eglise romaine, et du premier coup, la preuve nécessaire et suffisante que cette lettre était d'origine apostolique, était inspirée, était selon les desseins de Dieu un écrit destiné à régir la foi et les mœurs dans l'Eglise ? Personne n'est capable de répondre à ces questions *via historica*, attendu que personne n'a en main les documents qui pourraient établir quand et comment la seconde Epître aux Thessaloniciens vint à la connaissance de l'Eglise romaine. Mais parce que nous savons aujourd'hui que notre Epître est inspirée et proclamée canonique par l'Eglise romaine, la théologie nous oblige à dire que l'Eglise romaine n'a déclaré canonique la seconde Epître aux Thessaloniciens qu'après en avoir acquis la preuve certaine ; la théologie nous oblige à dire que si cette preuve certaine a manqué à l'Eglise de Rome alors qu'on lui présenta pour la première fois notre Epître, l'Eglise de Rome a suspendu son jugement, a pu et même dû émettre des doutes jusqu'à l'heure plus ou moins tardive où enfin la vérité lui fut manifestée en pleine lumière. Et si tout cela n'est pas une histoire que personne puisse documenter, il est pourtant certain que la chose a dû se passer ainsi, tant pour cette Epître que pour tous les autres écrits du Nouveau Testament; car on ne doit pas imaginer que jamais Rome ait accepté et donné pour canonique un seul livre qui ne fût prouvé tel par des témoins irrécusables.

Ainsi, il fut un temps pour tous les écrits qui lui vinrent de l'extérieur, où Rome ignora leur existence, un temps où on les lui présenta, un temps où l'Eglise mère examina et discuta les origines de ces livres, jusqu'à ce qu'elle eût acquis la preuve certaine de tenir en main des écrits véritablement inspirés pour régir la foi ; et tant que cette preuve n'était pas faite, il était prudent de garder ses doutes et, au besoin, de les émettre. Voilà ce que fit l'Eglise romaine, même pour les protocanoniques qui lui arrivaient des pays où Mathieu, Paul, Jean et les autres avaient semé leurs écrits. Après cela, on n'a pas le droit de s'étonner qu'elle ait émis des doutes, quelquefois durant plusieurs siècles, sur l'origine de tels ou tels livres deutérocanoniques, qui, pour des raisons à nous inconnues, ou ne parvinrent qu'assez tard à sa connaissance, ou ne se présentèrent pas tout d'abord avec les garanties suffisantes d'inspiration et de canonicité.

S'ensuit-il que nous ayons aujourd'hui le droit de revendiquer la liberté de douter encore, le droit de considérer comme non résolues des questions qui furent autrefois douteuses mais ne le sont plus ? Evidemment non. Jérôme a douté légitimement et bien d'autres avec lui, parce qu'en leur temps et pour eux la lumière n'avait pas fait son chemin ; aujourd'hui il ne douterait plus, il ne le pourrait pas, ni vous non plus ne le pouvez, qui réclamez la liberté de penser et d'écrire en ces questions comme le fit Jérôme ou l'Eglise romaine. L'époque du doute légitime en matière de canonicité est passée pour jamais. Chez nous, catholiques, on admet le progrès dans la connaissance et l'intelligence du dogme religieux, mais le dogme une fois établi, démontré, on n'accorde à personne le droit d'y contredire. *In dubiis libertas*, mais c'est tout.

Et justement, à ce point on nous reprend encore. Vous n'avez donc plus, nous dit-on, votre liberté dans l'examen de ces questions ; vous l'abdiquez tout entière ; avant de commencer, votre siège est fait, votre solution est toute prête ; vous ne pouvez plus, à l'heure actuelle, émettre un jugement contraire à vos opinions toutes faites, quand même l'examen des pièces vous y amènerait. Vous avez en un mot des préjugés dogmatiques qui ne vous laissent plus la liberté d'un examen sérieux, d'une étude impartiale.

Combien j'en ai vus qui, devant cette difficulté soulevée par les partisans du libre examen, tâtonnent, se troublent, s'embarrassent et finalement, pour faire bonne figure, croient devoir répondre : Mais non, nous sommes parfaitement libres.

Eh bien ! non, vous aurez beau dire et beau faire, vous n'êtes pas libres, nous ne sommes pas libres, nous ne le sommes plus, et c'est là ce qu'il faut répondre, sans qu'il soit besoin de se troubler autrement. Quand un dogme est prouvé, fixé, nous ne sommes pas libres. Ainsi en est-il du reste dans tous les ordres de la connaissance. Le jour où l'esprit humain acquiert une certitude, il perd la liberté d'y contredire. Et qu'avons-nous besoin de cette liberté, qui est la liberté, non pas du progrès, mais du recul sur la route de vérité ? Laissons aux protestants, puisqu'ils la veulent, la liberté de nier la vérité reconnue, d'acclamer l'erreur manifeste ; cette liberté, nous n'en voulons pas, et s'ils ne comprennent pas qu'en revendiquant pour eux le droit de nier le fait acquis, la vérité démontrée, ils réclament le droit à la décadence, tant pis pour eux! Pour nous, nous marchons à la lumière.

# CHAPITRE V

### L'ORIGINE APOSTOLIQUE DU NOUVEAU TESTAMENT ET LA THÉORIE DOCUMENTAIRE. EXPOSÉ DE CETTE THÉORIE.

En quoi consiste la théorie documentaire en général. Comment on l'applique aux Evangiles, aux Actes, aux Epîtres et à l'Apocalypse.

Avons-nous dit tout ce que nous avions à dire sur la question de l'origine apostolique du Nouveau Testament ? Non. Le fait et le principe une fois démontrés, nous voulons à leur lumière examiner encore certaines théories dangereuses, très chères à la critique indépendante, et qui, malheureusement, sont mises en vogue jusque dans certains milieux catholiques.

Ces théories peuvent se ramener toutes à une seule : *la théorie documentaire*, que maintenant l'on applique au Nouveau Testament tout comme à l'Ancien. Expliquons d'abord en quoi elle consiste et comment on en fait l'application aux divers genres d'écrits du Nouveau Testament.

La théorie documentaire consiste essentiellement à attribuer un livre, non plus à l'auteur que désigne l'histoire ou qu'accepte l'opinion, mais à un rédacteur venu en dernier lieu, ou, si l'on veut, à plusieurs rédacteurs successifs, qui l'auraient composé en se servant d'un nombre plus ou moins grand de documents, dus à la plume d'auteurs plus anciens. Personne ne niera qu'il soit possible de rédiger ainsi un ouvrage, avec des bouts d'écrits pris de droite et de gauche, que l'on tâche de coudre ensemble avec plus ou moins d'habileté selon le degré de son talent. Ce procédé est bien connu ; et si les plagiaires en usent d'une façon malhonnête, ce n'est pas une raison de le proscrire absolument. Il peut y avoir et il y a d'honnêtes compilateurs.

Mais ce qui caractérise la théorie documentaire chez les critiques indépendants de notre époque, c'est l'application même que l'on en fait à des ouvrages qui passaient jusque-là pour être l'œuvre proprement dite d'un auteur dont on croyait savoir le nom ; or, d'après la théorie nouvelle, il n'y a plus d'auteur unique, à proprement parler, et, en tout cas, ce n'est plus celui que l'on pensait connaître.

Jusque-là, par exemple, on avait cru, on avait dit, Evangiles en mains, que la Tôrâh ou autrement le Pentateuque avait été écrit, composé par Moïse. Du tout, paraît-il, on ne sait même pas bien si Moïse y est pour quelque chose. L'ouvrage qu'on lui attribue n'est pas de lui, ni de son temps. Ce serait un historien quelconque, qui, mille ans plus tard, soit donc au $v^e$ siècle, si vous voulez, aurait broché cet ouvrage avec tout un tas d'écrits antérieurs : Jéhoviste, Elohiste, Deutéronomiste, Code sacerdotal, composés eux-mêmes de fragments de toute nature et de toute provenance, produits des siècles écoulés à partir des environs de l'an 900. Nous sommes loin de Moïse, comme on voit.

Le système est connu, je n'insiste pas, et à l'heure actuelle je ne sais trop s'il reste dans l'Ancien Testament un livre qui n'ait été, au dire de la critique indépendante, composé plus ou moins par ce procédé.

Mais voilà, il est arrivé ce qui devait arriver. De l'Ancien Testament on a passé au Nouveau, et là encore — pourquoi se serait-on gêné là plus qu'ailleurs ? — on a appliqué la même théorie critique pour expliquer la composition des Evangiles, des Actes, des Epîtres, de l'Apocalypse. Entrons ici dans quelques détails.

Prenons d'abord les Evangiles, les trois premiers du moins, et nous allons voir comment, au dire de la critique indépendante, ces trois livres ont été composés.

On sait le problème très intéressant que soulèvent les trois premiers Evangiles. Quiconque les lit et les compare avec la moindre attention, s'aperçoit que ces trois livres racontent à peu près les mêmes faits de la vie de Jésus-Christ, souvent dans le même ordre, et surtout, s'il s'agit d'un même fait, avec les mêmes détails et jusqu'aux mêmes expressions. C'est pour cette raison qu'on les appelle Synoptiques. Si l'on assignait à trois écrivains la tâche d'écrire la vie à eux connue d'un même homme, sans se voir, ni se consulter, ni consulter aucun document, ou du moins sans avoir en main les mêmes pièces, très certainement ces écrivains ne réussiraient pas, le voulussent-ils, à faire trois vies de leur héros aussi semblables, aussi rapprochées dans l'ensemble et dans les détails que le sont nos trois Evangiles. Et c'est là justement le problème des Synoptiques. Comment le résoudre ?

Mais simplement en disant — comme la droite raison l'exige — que Mathieu, Marc et Luc ou bien se sont servis d'un même document ou de plusieurs documents identiques écrits avant eux, ou bien que ceux d'entre eux qui ont écrit les derniers, ont connu et utilisé le travail des premiers. Rien n'empêche du reste que ces deux solutions ne soient vraies à la fois. Luc, par exemple, qui a connu beaucoup d'écrits antérieurs au sien sur la vie de Jésus-Christ, puisque lui-même nous le dit (1), a très bien pu se servir entre autres, soit de Mathieu, soit de Marc, ou peut-être des deux.

Jusque-là, tout va bien ; rien qui puisse inquiéter la foi, quoi qu'en ait dit Holtzmann (2). Mais voici venir la critique indépendante. Elle nous accorde aujourd'hui que les trois premiers Evangiles sont du premier siècle ; et c'est plus qu'il n'en faut pour que nous puissions légitimement conclure : donc les récits merveilleux, *les miracles* — pour dire le mot qui leur fait peur — sont des récits exacts, des choses *arrivées* ; sinon, jamais on n'aurait pu, si près des événements, les écrire, les donner pour vrais, les faire accepter de gens honnêtes et éclairés comme la base d'une religion pour laquelle on doit mourir et pour laquelle on meurt en effet. Cette conséquence est inéluctable ; mais c'est là justement ce que les adversaires du surnaturel ne veulent pas. Résolus donc *a priori* à soutenir que le miracle est impossible ou qu'il n'y en a pas eu de fait, ils essaient, comme ils peuvent, d'expliquer comment on a dû, sans mauvaise foi, écrire

(1) S. Luc. — *Evang.* I, 1.
(2) H. J. Holtzmann, *Einleitung in das Neue Testament,* Freiburg, 1892, p. 345.

la vie de Jésus-Christ, en la semant de faux miracles.

D'abord, nous disent-ils, les Evangiles ne sont pas ce qu'un vain peuple pense, l'œuvre de Mathieu, Marc, Luc; ou du moins, si les trois ont écrit quelque chose, ce ne sont pas les trois Evangiles sous la forme où nous les avons. Voyez plutôt le problème des Synoptiques. Evidemment, ces trois Evangiles supposent d'autres écrits, et Luc lui-même nous dit les avoir connus. Il courait donc, de par le petit monde chrétien d'alors, une multitude d'historiettes fort intéressantes sur la vie de Jésus-Christ, historiettes qu'avaient contées les apôtres. Ces pieuses légendes se ramassaient de droite et de gauche, allant toujours s'embellissant. Comme en ce temps-là les Juifs, qui furent les premiers chrétiens, comptaient sur un Messie que les prophètes avaient annoncé, et qui devait réaliser les prodiges les plus extraordinaires, de bonne foi, on prêta aux faits de la vie de Jésus-Christ les couleurs un peu vives que l'on trouvait dans les récits prophétiques ou dans sa propre imagination. On enrichit ainsi de circonstances merveilleuses les traits les plus simples de la vie de Jésus. Au bout de quarante ou cinquante ans de roulement, on collectionna toutes ces légendes merveilleuses, tous ces petits écrits détachés, puis on entreprit de les coudre ensemble le moins mal que l'on put, et cela finit par s'appeler : Evangile selon Mathieu, parce qu'en effet Mathieu avait lui-même écrit quelques sentences de Jésus, les Logia dont nous parle Papias ; Evangile selon Marc et que Marc écrivit peut-être lui-même en bonne partie, ayant entendu de Pierre beaucoup de récits sur Jésus ; Evangile selon Luc et que Luc avait dû écrire aussi en partie, après avoir suivi Paul qui racontait également la vie de Jésus, dont il n'avait pas été témoin du reste.

Mais alors qui donc collectionna tous ces petits écrits et rédigea enfin les Evangiles sous la forme définitive où nous les avons ? Problème insoluble. Tout le monde s'en mêla un peu, sans qu'on sache au juste quels furent les derniers rédacteurs.

Ainsi parle la critique indépendante avec des variantes diverses selon la diversité du caprice et de l'imagination des écrivains de cette école ; et c'est bien à peu près de cette manière que M. Renan chez nous concevait ou expliquait les choses :

« En somme, écrivait-il, on peut dire que la rédaction synoptique a traversé trois degrés : 1° l'état documentaire original (λόγια de Mathieu, λεχθέντα ἤ πραχθέντα de Marc), premières rédactions qui n'existent plus ; 2° l'état de simple mélange, où les documents originaux sont amalgamés sans aucun effort de composition, sans qu'on voie percer aucune vue personnelle de la part des auteurs (évangiles actuels de Mathieu et de Marc); 3° l'état de combinaison ou de rédaction voulue et réfléchie, où l'on sent l'effort pour concilier les différentes versions (évangile de Luc). L'Evangile de Jean, comme nous l'avons dit, forme une composition d'un autre ordre et tout à fait à part (1). »

Dix ans plus tard, le même auteur écrivait ces paroles, qui donneront peut-être mieux encore à nos lecteurs l'idée de ce que sont les Evangiles dans la théorie documentaire, et de la manière dont ils auraient été composés : « Il y avait, avant la rédaction du premier Evangile, des paquets de discours et de paraboles, où les paroles de Jésus étaient classées

_______

(1) RENAN. — *Vie de Jésus.* Introduction, p. XLII-XLVII, 7° édit, 1867.

d'après des raisons purement extérieures. L'auteur du premier Evangile trouva ces paquets déjà faits et les inséra dans le texte de Marc, qui lui servait de canevas, tout ficelés, sans briser le fil léger qui les reliait (1) ».

Voilà donc pour les Evangiles synoptiques. Je ne dis rien de l'Evangile de saint Jean, qui ne serait pas non plus, à proprement parler, de l'apôtre Jean, mais, à ce qu'on nous assure, d'un certain presbytre nommé Jean, que mentionne Papias dans un texte d'ailleurs fort obscur, on en convient. Passons aux Actes.

Les Actes, comme les Evangiles, ne sont pas pour la critique indépendante l'œuvre d'un auteur unique. On y distingue d'abord les morceaux où le narrateur se mêle au récit, se servant de la première personne du pluriel *nous*, et se donnant ainsi pour le compagnon de Paul ; ce sont les *Wirstücke* des Allemands, ou, si l'on veut, les Actes de Paul.

Un second document plus ancien racontait les Actes de Pierre, ou autrement les origines de l'Eglise de Jérusalem. Certains auteurs distinguent un troisième écrivain, qui aurait rédigé les histoires concernant les sept diacres et, en particulier, les histoires d'Etienne et de Philippe. Enfin, un rédacteur (R), brochant sur le tout, aurait définitivement, de ces divers morceaux et de ses propres additions, constitué les Actes, tels que nous les avons.

Après les Actes, les Epîtres. On aurait pu croire que ces écrits, d'ordinaire si courts, échapperaient aux ravages de la théorie documentaire et que, pour expliquer leur composition, nul besoin n'était d'ima-

(1) RENAN. — *Les Evangiles*, 1877, p. 177.

giner des rédactions multiples et successives. Eh bien ! non. Sitôt que l'une ou l'autre de ces Epîtres gêne les idées préconçues de nos critiques, la voilà qui se dépèce, à son tour, par morceaux divers, dont les uns — ceux qui ne gênent pas — sont encore jugés bons, et les autres — ceux qui gênent la théorie rationaliste, évolutioniste ou autre — sont traités d'additions postérieures, à tendance dogmatique et partant suspectes.

Voici, par exemple, les Epîtres de saint Paul à Timothée et à Tite, les trois Pastorales, comme on les appelle. Elles sont très gênantes, ces Epîtres ; elles supposent, en effet, la hiérarchie déjà constituée dans l'Eglise, ce qui ne répond aucunement aux idées très arrêtées de certains partisans de l'évolutionisme en religion. Des diacres, des prêtres, des évêques, ou, en tout cas, des diacres, des presbytres et des épiscopes, pour parler comme nos critiques ; vous pensez bien que Jésus n'avait jamais songé à pareille chose. Tout cela n'a dû venir que longtemps après, par évolution. Et alors, nécessairement, il faut que ces Epîtres ou ne soient pas du tout de Paul, ou du moins qu'elles aient été dans la suite des temps, au second siècle, retouchées, remaniées de fond en comble, si bien enfin que nos Pastorales, dans l'état où elles nous sont parvenues, ne peuvent qu'être l'œuvre de plusieurs auteurs. Paul, tout au plus, en aurait fourni le noyau primitif ; encore n'est-ce pas bien sûr pour nos critiques documentaires.

Ne demandez point grâce pour l'Apocalypse ; il faut que tout y passe. L'Apocalypse, elle aussi, n'est qu'une compilation plus ou moins intelligente, faite par un rédacteur inconnu, avec des documents partie d'origine juive et partie d'origine chrétienne. Avant qu'on eût trouvé cela, l'Apocalypse était fort difficile à interpréter, et certes personne n'y contredira ; grâce à la théorie nouvelle, il paraît que tout s'explique : plus de nuage ni de brouillard à l'horizon.

Telle est, rapidement esquissée, l'idée générale de la théorie documentaire appliquée aux divers livres du Nouveau Testament. Il nous reste à l'examiner à la lumière des faits et des principes précédemment établis.

## CHAPITRE VI

### RÉFUTATION DE LA THÉORIE DOCUMENTAIRE. CONCLUSION.

Cette théorie est en opposition avec les témoignages de l'histoire ; la critique interne elle-même ne saurait s'en accommoder. Ce qui est plus grave encore, c'est que la théorie documentaire, telle qu'on la pratique, est en opposition. avec la doctrine de l'Eglise sur l'origine apostolique de la révélation chrétienne, sur l'inspiration et sur la canonicité intégrale des Ecritures contenues dans la Vulgate.

*Conclusion.* Souhaitons que, selon les recommandations du Pape, les théories du rationalisme qui vont à détruire l'authenticité et la véracité de la Bible ne pénètrent pas dans notre méritant clergé de France.

La théorie documentaire, telle qu'on l'expose chez les critiques indépendants, est-elle inoffensive ? Devons-nous, pouvons-nous laisser dire que nos Evangiles, les Actes, telle ou telle Epître, l'Apocalypse, sont des agrégats de morceaux variés mis en ordre, cousus ensemble, non pas — qu'on remarque bien ceci — *non pas par l'auteur inspiré que nomme la tradition,* mais par un individu quelconque, qui s'est lui-même chargé de cette besogne, en se servant d'écrits de toute provenance ?

Eh bien, non, cela ne saurait passer. Pourquoi ?

Parce que d'abord cela est contraire à l'histoire. Nous l'avons dit précédemment, tous les écrits du Nouveau Testament sont donnés par les Pères et les Églises primitives comme étant l'œuvre de personnages parfaitement connus et qui sont tous ou des apôtres, comme Mathieu, Jean, Paul, Jacques, Pierre, Jude, ou des disciples d'apôtres, comme Marc et Luc. Et de prétendre que l'on est en règle avec l'histoire, que les témoignages des écrivains ecclésiastiques sont parfaitement respectés, si l'on se contente de dire et de leur faire dire que les apôtres ont simplement fourni le thème des écrits qui sont devenus plus tard nos Evangiles, nos Actes, nos Epîtres, notre Apocalypse, non, cela n'est pas.

Notre Nouveau Testament était certainement ce qu'il est aujourd'hui au IVe siècle, au IIIe, au IIe et même — on nous l'accorde déjà pour la grande majorité des livres — au Ier siècle. C'est donc de ces mêmes Evangiles, Actes, Epîtres, Apocalypse, et non pas de je ne sais quel embryon d'Evangiles, d'Actes, d'Epîtres et d'Apocalypse que parlaient les Pères, quand ils les attribuaient aux apôtres ou à leurs compagnons d'apostolat.

Et de quel droit vient-on nous dire quinze, seize, dix-sept et bientôt dix-huit siècles plus tard : Vous savez, ces braves gens de Jérôme, d'Augustin, de Chrysostôme, de Théodoret, puis, avant eux, les Origène, les Tertullien, les Justin, les Irénée, ils ont cru cela vraiment de bonne foi que les apôtres eux-mêmes étaient les vrais auteurs de ces livres vénérés ; mais que voulez-vous ? ils se trompaient ; ils n'étaient pas des critiques. — Oh! les critiques, j'ai bien peur qu'on ne finisse par rendre ce mot synonyme de pédants, pour ne rien dire de plus.

Mais si les témoins du iv<sup>e</sup>, du iii<sup>e</sup> et du ii<sup>e</sup> siècle ne savent pas qui a composé les Evangiles pour lesquels ils se croient obligés de mourir, qui le saura donc ? Est-ce que vous, dix-huit siècles et plus après le fait, vous êtes en meilleure posture qu'on ne l'était cent ans ou deux cents ans après, pour savoir si, oui ou non, on avait, au 1<sup>er</sup> siècle, écrit nos Evangiles tels qu'on les avait dès lors en main, et qui les avait écrits sous cette forme ? De quel document disposez-vous, qu'on ne possédât alors avec cent autres qui vous manquent ? Croit-on vraiment qu'en l'an de notre ère 3600 ou 3700 les futurs critiques de la Grèce ou de l'Asie Mineure seront mieux en mesure que nous, Français d'aujourd'hui, de juger si Bossuet a écrit *les Variations* ou Voltaire *le Siècle de Louis XIV ?* Et pourtant, c'est à peu près la même position.

Mais, dira-t-on, que faites-vous de la critique interne ? de cet instrument merveilleux de dissection et de divination, qui nous permet de désarticuler toute une œuvre, de la démonter pour ainsi dire pièce par pièce, puis de l'analyser dans ses moindres détails, et de reconnaître enfin par les différences syntaxiques et morphologiques de chaque morceau la diversité même des auteurs qui ont concouru à écrire le tout, Evangiles, Actes ou Epîtres ?

Ce que je pense de la critique interne ? Mais que, si l'instrument est bon, beaucoup s'en servent mal, et que, malheureusement, il n'est que trop fréquent de voir déraisonner ceux qui en font usage. Je pense que les écrivains grecs des premiers siècles de notre ère, tout comme les écrivains hébreux des siècles antérieurs à Jésus-Christ, connaissaient, ceux-ci leur hébreu, ceux-là leur grec, un peu mieux, beaucoup mieux que nous, et qu'ils auraient quelque peine à ne point sourire, s'ils venaient causer avec nos critiques contemporains de leurs savantes élucubrations. Oh ! je crois que, sans faire sonner si haut le mot de critique, ils connaissaient la chose, et, au besoin, s'en servaient assez bien. Voyez plutôt, quand il se présente des différences styliques, vraiment existantes celles-là, comme dans l'Épître aux Hébreux, par exemple, si les écrivains anciens, les Clément d'Alexandrie, les Origène, les Euthalius, les Eusèbe n'en font pas les premiers la remarque et n'en cherchent pas l'explication.

Ils n'étaient donc pas si dépourvus de critique que le supposent nos docteurs modernes ; et s'ils nous affirment que les trois Pastorales sont de Paul comme les autres Épîtres pauliniennes ; que les Actes et le troisième Evangile sont de Luc, que tous les autres écrits du Nouveau Testament sont sortis de la plume de pauvres Sémites sachant fort peu le grec, soyez sûrs que le témoignage des Clément d'Alexandrie, des Origène, des Eusèbe et même du latin Jérôme, vaut bien, en pareil cas, les oracles de la haute critique, d'où qu'elle vienne, de France, d'Angleterre ou d'Allemagne.

Non, rien ne s'oppose, même du côté de la critique interne, à ce que l'antiquité chrétienne ait tout à fait raison quand elle nous dit : les écrits du Nouveau Testament sont bien l'œuvre propre de Mathieu, de Marc, de Luc, de Jean, de Paul et des autres.

Et non seulement rien ne s'y oppose, mais encore nous affirmons que la critique interne est parfaitement d'accord avec la critique externe. L'Evangile grec de Mathieu peut bien n'avoir pas été écrit en grec par Mathieu ; et sans doute aussi — j'ose même dire plus sûrement — l'Épître aux Hébreux que nous avons en grec n'a pas été écrite en grec par Paul, mais le fond, les idées, leur suite, l'ordre d'expression, oh ! rien qui ne convienne au caractère ou à la situation de ces deux auteurs : Mathieu le publicain, et Paul, l'ancien disciple de Gamaliel, qui lutta pour la Synagogue contre l'Eglise naissante. De même la critique interne peut faire voir que les écrits attribués à Luc, à Jean et aux autres, cadrent parfaitement aussi avec le caractère et la situation de ces auteurs. Il y a des pages et des pages écrites sur ce sujet par des savants, tant catholiques que non catholiques ; elles sont assez connues pour que nous n'insistions pas davantage.

Une seconde raison d'écarter la théorie documentaire, c'est qu'elle est en opposition presque constante avec l'enseignement de l'Eglise, tant sur l'apostolicité de la révélation chrétienne que sur l'inspiration et la canonicité intégrale des Ecritures contenues dans la Vulgate.

Le *Verbum Dei scriptum vel traditum*, c'est-à-dire les Ecritures canoniques et la Tradition divine, nous ont été remises au complet — comme nous l'avons démontré — par les apôtres, si bien qu'après eux ou sans eux nulle communication révélée n'a été faite à l'Eglise qui puisse engager sa foi. Or, il est notoire que la théorie documentaire reporte souvent la composition des Livres saints après l'âge apostolique. Place-t-elle un certain nombre de nos livres à l'époque apostolique ? Même alors elle écarte souvent les apôtres, attribuant nos livres à des écrivains qui ne sont ni apôtres ni dépendants des apôtres. Nul souci en tous cas chez nos critiques de la question de savoir si les prétendus rédacteurs ou compilateurs, auxquels nous devrions la forme dernière de nos Livres saints, sont ou ne sont pas apôtres, si leur doctrine a été acceptée des apôtres et transmise par eux comme une doctrine qui appartient au dépôt de la foi, si enfin la rédaction ou composition de leurs livres a été donnée par les apôtres comme une rédaction ou composition inspirée par le Saint-Esprit.

Et nous touchons là justement à une troisième conséquence grave de la théorie documentaire : c'est qu'elle met en péril le dogme de l'inspiration et de la canonicité des Ecritures, quand elle n'en est pas la négation formelle.

Et, en effet, si le livre a été écrit après les apôtres, ou s'il est seulement vrai qu'il n'a pas été reçu par un apôtre et transmis par lui à l'Eglise, il est impossible que ce livre fasse partie du nombre des livres inspirés et canoniques. L'inspiration et la canonicité des livres du Nouveau Testament sont des dogmes de notre foi, et il ne peut pas y avoir un seul dogme de la foi qui ne remonte aux apôtres et qui ne nous ait été transmis par eux. Cela, je crois l'avoir prouvé précédemment. Or, encore une fois, la théorie documentaire ou bien nie l'origine de nos Livres saints, ou bien n'a cure de la question.

Je sais ce que l'on peut objecter : Rien n'empêche qu'un livre n'ait été composé avec des bouts d'écrits qui seraient eux-mêmes inspirés et canoniques ; et, dans ce cas, le livre tout entier serait inspiré et canonique, encore qu'on en eût fait la rédaction, ou, si vous préférez, la compilation après la mort des apôtres.

A cela je réponds : Parfaitement, la chose est possible et j'accorde que dans ce cas nous aurions un livre inspiré et canonique, puisqu'il se composerait exclusivement d'écrits inspirés, canoniques et par conséquent apostoliques d'origine. Restera seulement à prouver que cette chose possible est aussi un fait. Mais ce n'est pas là ce qu'on nous dit, et j'ai beau lire avec attention même les catholiques, qui se font les champions de la théorie documentaire, tout en se déclarant les défenseurs intrépides du dogme de l'inspiration, je ne vois guère qu'ils se préoccupent de savoir si, oui ou non, le dernier rédacteur ou les rédacteurs successifs de nos saints Livres se sont contentés de mettre bout à bout de petites découpures inspirées qui seraient d'origine apostolique.

Je crois même que ces fameux rédacteurs ne se gênent pas pour introduire, dans le livre qu'ils brochent, beaucoup de choses qui seraient plus ou moins d'accord entre elles, paraît-il, et même beaucoup de choses qui seraient de leur cru, qui proviendraient donc, si je ne me trompe, d'une source profane et non pas inspirée. Et alors, je voudrais bien qu'on me donnât un critérium pour discerner au juste les parties inspirées du Nouveau Testament, des Evangiles, par exemple, d'avec celles qui ne le sont pas. Car enfin, il faut pourtant que l'on sache à quoi l'on peut se fier dans ces livres, qu'est-ce qui vient de Dieu, qu'est-ce qui n'en vient pas.

Puis, quand nous aurions une bonne fois démêlé les parties inspirées et canoniques de celles qui ne le sont pas, nous verrions à nous arranger avec un certain concile — le concile de Trente, je crois — qui a bien osé dire, lui : Si quelqu'un soutient que les livres entiers de l'Ecriture avec toutes leurs parties ne sont pas sacrés et canoniques..., qu'il soit anathème. Voilà qui est assez grave, si je ne m'abuse. Mettons au complet, sous les yeux du lecteur. le texte même du Concile ; car il n'est pas mauvais qu'on le lise et qu'on le médite. En un temps où l'on parle si fort des droits de la critique, il est à propos d'indiquer aussi la limite de ces droits. « Si quis autem libros ipsos integros cum omnibus suis partibus, prout in Ecclesia catholica legi consueverunt, et in veteri vulgata latina editione habentur, pro sacris et canonicis non susceperit, et traditiones prædictas sciens et prudens contempserit, anathema sit (1). » Le concile du Vatican, et plus récemment Léon XIII, dans la Bulle *Providentissimus*, ont ratifié, confirmé cette doctrine ; c'était une manière de la rappeler aux interprètes et critiques de notre temps ; ils en avaient, certes, besoin au milieu de ce déchaînement d'erreurs, qui assaillent quotidiennement notre foi aux Ecritures divines.

Mais que veut dire ici le concile de Trente ? Et quelle signification attachons-nous à ses paroles, qui puisse être une condamnation pour la théorie documentaire ? Prétendons-nous que d'après le texte qu'on vient de lire, pas une proposition de nos saints Livres ne puisse y avoir été introduite par une main profane ? Non, certes, telle n'est pas notre pensée ; nous ne croyons pas qu'il faille interpréter le concile de Trente avec une telle rigueur : nous nous en sommes expliqué à l'occasion (2). Nous avons avoué que, selon notre opinion, il peut y avoir dans la Vulgate telle proposition particulière, soit historique, soit même dogmatique, qui n'appartienne pas à l'Ecriture canonique. Nous exigeons seulement, quand on affirme de telle proposition particulière,

(1) Conc. Trid., sess. IV.
(2) Le texte hébreu de l'Ecclésiastique et l'exégèse. *Etudes*, 20 avril 1899, p. 192 et suivantes.

qu'elle est inauthentique, c'est-à-dire qu'elle rend mal l'original, ou que c'est une addition postérieure à la rédaction inspirée, nous exigeons qu'on donne de cette affirmation de bonnes et justes raisons.

Mais ce qui ne saurait être douteux dans le texte de Trente, c'est que tous les livres et toutes les parties intégrantes d'un livre de notre Vulgate, doivent être regardés comme sacrés et canoniques. Ce sont les expressions mêmes du concile : *libros ipsos integros cum omnibus suis partibus... pro sacris et canonicis.* Or, nul doute que la théorie documentaire attribue à des rédacteurs non apostoliques et par conséquent profanes, tantôt des livres entiers, tantôt des portions de livres qui font certainement partie intégrante du livre, au sens du concile de Trente.

Il resterait bien, nous ne l'ignorons pas, une dernière manière pour la théorie documentaire d'échapper ici à la condamnation, et nous savons que certains catholiques l'emploient ; c'est de dire que l'auteur de tel ou tel livre, de tel ou tel Evangile, par exemple Mathieu, Marc, Luc, Jean, ont été poussés par le Saint-Esprit lui-même à introduire dans leurs récits des morceaux de toute provenance qui n'étaient pas inspirés. Ce seraient alors des citations, citations que les écrivains sacrés ne prendraient pas à leur charge, et qui, par conséquent, pourraient contenir des faussetés soit historiques soit dogmatiques, tout en restant des documents « sacrés et canoniques ». Tels sont, par exemple, de l'aveu de tous, les discours des amis de Job, qui, pour manquer à la vérité, ne laissent pas de faire partie du domaine des Ecritures.

On voit, par le caractère même de cette difficulté, qu'elle ne peut venir que d'écrivains ayant à cœur de respecter l'inspiration et même l'apostolicité des Ecritures. Les partisans soit rationalistes, soit protestants de la théorie documentaire ne recourent pas à tant de subtilités pour sauver le caractère surnaturel de nos saints Livres. On aurait donc grand tort de suspecter les bonnes intentions des écrivains que nous combattons ici. Mais enfin, le système qu'ils nous proposent, pris en lui-même, est-il bien acceptable de tout point ? Nous ne le pensons pas.

Sans doute il peut y avoir et il y a des citations dans l'Ecriture, citations que parfois l'auteur sacré ne prend pas à sa charge, et dont, par conséquent, l'exactitude historique ou doctrinale ne saurait être garantie ; et ces passages n'en sont pas moins des passages de l'Ecriture sacrée et canonique, qui lui appartiennent *matériellement,* comme disent les théologiens, quoique *non formellement.* Mais qui ne voit que pour affirmer que tel ou tel passage des Ecritures est un morceau de ce genre, une citation, il faut y être autorisé par le contexte? Il faut que l'auteur sacré, d'une manière quelconque, prévienne ou fasse entendre qu'à tel et tel moment il cite sans garantir l'exactitude de ce qu'il rapporte. Autrement qui s'y reconnaîtra jamais ? Et quel fond pourrons-nous faire sur les pages sacrées et canoniques, si on a toujours le droit de nous opposer que tel passage est une citation non garantie exacte par l'écrivain, quand rien n'y paraît, bien plus quand tout le contexte témoigne du contraire. Non, non, ce ne serait là qu'un chemin détourné pour arriver au même but que les critiques rationalistes : nier ou rendre contestable l'inerrance absolue, la véracité intégrale des Ecritures.

En vérité, quand on repasse tranquillement en son esprit toutes les conséquences de la théorie documentaire, toutes les doctrines qui, de son fait, se trouvent ou rejetées ou mises en péril, on ne s'étonne plus que le Souverain Pontife, écrivant au clergé français, ait dénoncé ces « tendances inquiétantes qui cherchent à s'introduire dans l'interprétation de la Bible, et qui, si elles venaient à prévaloir, ne tarderaient pas à en ruiner l'inspiration et le caractère surnaturel ». On ne s'étonne pas qu'il ait réclamé contre « des écrivains *catholiques* » qui « sous le spécieux prétexte d'enlever aux adversaires de la parole révélée l'usage d'arguments qui semblaient irréfutables contre l'authenticité et la véracité des Livres saints..., ont cru très habile de prendre ces arguments à leur compte ». Enfin l'on ne s'étonne pas d'entendre le Souverain Pontife faire à ces mêmes écrivains le plus grave reproche que puissent encourir des écrivains catholiques : « En vertu de cette étrange et périlleuse tactique, dit le Pape, ils ont travaillé, de leurs propres mains, à faire des brèches dans les murailles de la cité qu'ils avaient mission de défendre ».

Espérons que cet avertissement, le troisième dans la matière, finira par être entendu de ceux auxquels il s'adresse. Car plus que jamais il est à souhaiter que les fils de la même Eglise unissent leurs efforts contre l'ennemi commun, qui est aujourd'hui l'ennemi de l'inspiration des Ecritures, comme de tout ce qui porte un caractère surnaturel.

Depuis longtemps assurément, on n'avait vu dans le clergé de France tant d'hommes de science et de talent, qui fussent aussi bien préparés à l'étude et à l'enseignement scientifique de l'Ecriture Sainte ; et c'est justice de reconnaître la vaillance de leur labeur et l'étendue de leur savoir. Mais fasse le ciel — c'est un vœu que l'on peut bien formuler à la suite des paroles pontificales — qu'aucun d'entre eux n'emploie les dons qu'il a reçus, la science qu'il a acquise, à rechercher, dans des théories risquées, une gloire aussi vaine que tapageuse ; que tous, au contraire, suivant la route indiquée par l'Eglise, tra vaillent à procurer la seule gloire qui demeure, la gloire même de Dieu !

# TABLE DES MATIERES





FIN DE LA TABLE


545-12. — Imprimerie des Orphelins-Apprentis, F. Blétit
40, rue La Fontaine, Paris-Auteuil.

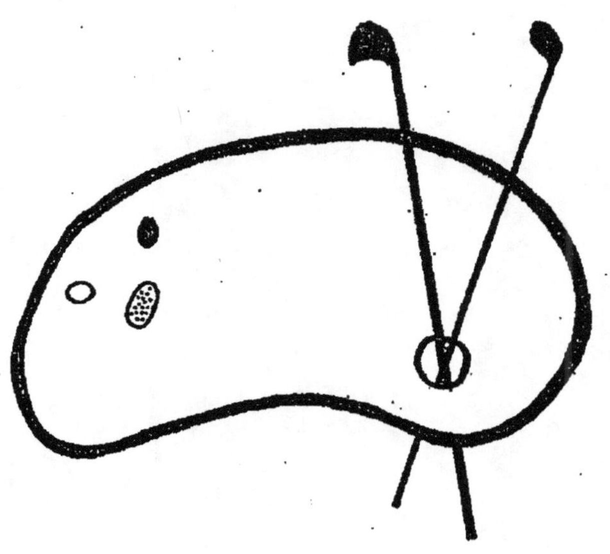

www.ingramcontent.com/pod-product-compliance
Lightning Source LLC
Chambersburg PA
CBHW051621060726

47597CB00004B/1384